Erläuteru

Max Frisch
Andorra

Von Hans Bänziger

Philipp Reclam jun. Stuttgart

Max Frischs »Andorra« liegt als
Suhrkamp-Taschenbuch 277 vor.

Universal-Bibliothek Nr. 8170
Gesamtherstellung: Reclam, Ditzingen. Printed in Germany 1993
RECLAM und UNIVERSAL-BIBLIOTHEK sind eingetragene
Warenzeichen der Philipp Reclam jun. GmbH & Co., Stuttgart
ISBN 3-15-008170-X

Inhalt

I. Wort- und Sacherklärungen

Andorra: Zwergstaat in den Ostpyrenäen. Die Republik steht unter der Schutzherrschaft des Präsidenten von Frankreich und des spanischen Bischofs von Urgel. In der Legende spielt Karls des Großen Kampf gegen die (»schwarzen«) Mauren eine beträchtliche Rolle. Dank seiner Isoliertheit und der zwiefachen politischen Abhängigkeit blieb Andorra von Kriegen verschont. Die Haupterwerbszweige in dem von hohen Gebirgszügen umschlossenen Gebiet waren bis vor kurzem Ackerbau, Viehzucht, Schmuggel (vgl. die Bemerkung des Lehrers über den Schmugglersohn Ferrer und sich selbst im 4. Bild) und der Handel mit Holz; jetzt bringt der Tourismus bis zu einer Million Fremde pro Jahr. Die Etymologie des Namens scheint, wie Fachleute bestätigen, im dunkeln zu liegen; ein Zusammenhang mit span. »andorrera‹ ›Herumtreiberin‹ ist nicht wahrscheinlich (ebensowenig einer mit dem ähnlich klingenden Graubündner Ortsnamen »Andeer«, den Jean Quenon mit Frischs Stücktitel in Verbindung bringt (»Anthroponymie«, S. 34).

Bald nach der Uraufführung des Stücks hat Wilfrid Spinner in einer Artikelfolge der »Neuen Zürcher Zeitung« über den Staat Bericht erstattet. Im ersten Artikel vom 19. Juli 1962 war zu lesen: »Die Andorraner nennen ihr Land selber eine ›Schweiz zwischen Frankreich und Spanien‹, und wenn sie damit in mancher Beziehung auch noch etwas hoch greifen mögen, so tun sie der Schweiz – alles in allem – doch kein allzu großes Unrecht an. [. . .] nach dem Zweiten Weltkrieg ist Andorra vom *Fremdenverkehr* geradezu überfallen worden, und auf die alte Schicht der Armut legt sich nun eine neue hektischen Reichwerdens und behäbigen Wohlstandes. «

Frisch verneint in der Vorbemerkung zum Stück einen Zusammenhang zwischen dem realen Staat und seiner Dichtung: *Das Andorra dieses Stücks hat nichts zu tun mit dem wirklichen Kleinstaat dieses Namens, gemeint ist auch nicht ein andrer wirklicher Kleinstaat; Andorra ist der Name für ein Modell*; ähnlich auch in den »Anmerkungen« des Zürcher Programmhefts (vgl. Wendt/Schmitz, 1978, S. 41). Er hatte daher erwogen, das Stück auch »Modell Andorra« oder »Beispiel Andorra« zu betiteln (Brief an Siegfried Unseld, zit. in: ebd., S. 27), und bekannte noch 1965: »›Andorra‹ ist kein guter Titel« (in: Bienek, S. 33). Der Name ist aber wohl doch nicht ganz zufällig gewählt worden. Frisch hat 1932 ein Andorra-Buch Marieluise Fleißers rezensiert (vgl. Kap. II, 1). Sowohl Eingeschlossenheit, Neutralität wie weltgeschichtliche »Unschuld« bzw. Irrelevanz des Staates sind auch für Frischs Andorra entscheidende Bedingungen.

Stück in zwölf Bildern: vgl. Kap. II, 4.

Dem Zürcher Schauspielhaus ... Dankbarkeit: vgl. Kap. II, 4.

Personen

Die Namengebung bei Frisch im allgemeinen und in »Andorra« im besonderen hat Jean Quenon in seinem Aufsatz »Anthroponymie et caractérisation dans le théâtre de Max Frisch« untersucht; zu ergänzen bzw. zu betonen wäre allenfalls die Tatsache, daß bei Andri und Barblin kein Beruf genannt wird, die Mutter, die Senora und der Wirt keine Eigennamen besitzen, der Jemand weder Eigennamen noch Beruf hat.

Andri: im Rätoromanischen allgemein gebräuchliche Kurzform für »Hendricus« (vgl. frz. »Henri«, dt. »Heinrich«). Verschiedentlich wurde eine Reminiszenz an Woyzecks Freund Andres in Büchners Drama vermutet, auch an Sartres Begriff des ›Anderen‹ (vgl. Kap. III, 1). Daniel de Vin zieht einen Vergleich zu dem Namen Enderlin in Frischs Roman »Mein Name sei Gantenbein« (»Frisch, Gantenbein«, S. 250). Vgl. Anm. zu *Du mit deinen andern* (S. 12).

Barblin: im Rätoromanischen Diminutiv zu »Barbara«.

Der Lehrer: In den Anmerkungen zu »Andorra« in Frischs »Gesammelten Werken« wird der Name des Lehrers *Can*, ebenso wie die übrigen vorkommenden Namen außer dem spanischen *Ferrer*, als rätoromanisch bezeichnet (GW IV, S. 579). Frisch weiß heute, daß das ein Irrtum ist, und denkt ans Spanische. Nun gibt es allerdings keinen solchen spanischen Eigennamen, dagegen die veraltete Bezeichnung »can« für ›Hund‹. Im Stück wird von einem früheren Übernamen »Eber« gesprochen: Can imponierte den Mitbürgern durch seinen scheinbar unerbittlichen Wahrheitswillen. Etwas »Hündisches« war nicht zu spüren. – Über den Namen hat man sich hie und da den Kopf zerbrochen; neben engl. »can« dachte man an Grimmelshausens »Knan« im Simplizissimus und an österreichisch oder bairisch »kan, chan« ›Gatte‹.

Der Doktor: Sein Name *Ferrer* wird in den Anmerkungen der Gesamtausgabe als spanisch bezeichnet (GW IV, S. 579). Er bedeutet ›Schmied‹ und ist im Spanischen so gewöhnlich wie der auf das entsprechende Appellativum zurückgehende deutsche Name »Schmid«. Die Diskrepanz zwischen dem Nimbus, den sich der (einzige) »Akademiker« geben möchte, und der Gewöhnlichkeit seines Namens ist evident.

Der Soldat: offensichtlichste Parallele zu Büchner: siehe den Tambourmajor im »Woyzeck«; stellt bei Frisch das Extrem des andorranisch subaltern Militanten dar (vgl. Anm. zu *Order ist Order*, S. 15). Zu dem seit 1958 besonders starken Einfluß Büchners auf Frisch vgl. Armin Arnolds Aufsatz »Woyzeck in Andorra«.

Der Jemand: Personifikation eines unbestimmten Personalpronomens, so etwas wie der »geometrische Ort aller fehlenden Stimmen« (Elisabeth Brock-Sulzer, s. S. 39). Vgl. auch Sartres Begriff des »Niemand« in seinen »Betrachtun-

gen zur Judenfrage«, die extrem neutrale Form des Antisemiten, der Juden weder haßt noch liebt (s. S. 68).

Der Idiot: »Der Prototyp eines Andorraners«, meint Walter
Schmitz in seinem Aufsatz »Andorra« (S. 131): die
Schwarzen, im Stück ohne Sprache, okkupieren die heuch-
lerisch und stereotyp daherredenden Andorraner. Und der
Idiot ist stumm.

Erstes Bild

weißelt: weißeln: schweiz. für ›weißen, tünchen‹. Barblin
weißelt auch am Ende des Stücks. Frisch hat die erste Fassung, wie er in den »Anmerkungen« zum Zürcher Programmheft sagt, auf Ibiza geschrieben; »daher die weißen,
kahlen Kulissen« (zit. nach: Wendt/Schmitz, 1978, S. 41).
Selbstverständlich wird ihm, zum mindesten später, das
Sinnbildliche der Farbe bewußt geworden sein. Im »Handwörterbuch des deutschen Aberglaubens« (Bd. 9, 1938) lesen wir, außer über die Farbe Weiß als Zeichen der Jungfräulichkeit, den weißen Sonntag usw.: »Die Ausdeutung
der weißen Farbe als Symbol der Reinheit, Unschuld und
des Friedens ist leicht verständlich. [. . .] Während die Antike die weiße Farbe als Symbol für die Unschuld nicht
kennt, hat das Christentum dieser Verwendung der weißen
Farbe den Weg bereitet und dabei wahrscheinlich auf altjü-
dische Vorstellungen zurückgegriffen.« – Vgl. auch Walter
Schenkers Hinweis (S. 78) auf das Weiße als das ›Fremde‹
bei Frisch (Stiller, der sich »Mr. White« nennt; »das Un-
sagbare, das Weiße zwischen den Worten«, wie es im »Tagebuch 1946–1949« heißt).

Sanktgeorgstag: Der heilige Georg starb nach der Legende
303 n. Chr. den Märtyrertod unter Diokletian. Als Dra-
chentöter erscheint er erst im 12. Jh. Er kann als angebliche
Leitfigur der Andorraner gesehen werden. Etwas später im
gleichen Bild sagt der Pater zu Barblin über ihren Vater:
Sankt Georg möchte ihn nicht betrunken sehen.

Michelin-Männchen: Reklamefigur des französischen Rei-

fenherstellers Michelin; eine der frühesten Stereotypien der
Plakatwelt.

Orchestrion: im 19. Jh. erfundenes mechanisches Musikwerk
mit Flöten, Schlagzeugstimmen etc.; als Vorform der heu-
tigen Musikboxen auf Rummelplätzen und in billigen Re-
staurants (*Pinten*) üblich. Seit dem frühen Brecht in modernen Dramen sehr beliebt. Bei Frisch kommen Spieluhren
o. ä. als Signale der tödlichen Wiederholung in verschiedenen Stücken vor. Die Uraufführung von »Andorra« brach-
te die monotonen Klänge (*die immergleiche Platte*, wie es
in einer Regieanweisung im 8. Bild heißt) als Zäsuren bzw.
als Auftakte vor den ersten Bildern, also nicht, wie es die
Buchausgabe vorsieht, beim ersten Auftritt Andris. Damals hatte Rolf Langnese, der Hauskomponist des Zürcher
Schauspielhauses, gemeinsam mit Frisch Auszüge aus dem
Stück »Mborayihu Mombyry« ausgewählt, das von dem
südamerikanischen Trio Los Paraguayos gespielt wurde
(vgl. Frühwald/Schmitz, S. 17).

Kohlensack: in der schweizerdeutschen Kinder- und Solda-
tensprache früher gebräuchlicher Pejorativ für Priester
oder Pfarrer (mit ihren schwarzen Gewändern). Frisch hat
den Ausdruck schon in seinem Roman »Die Schwierigen«
im gleichen Sinne verwendet (vgl. GW I, S. 465).

Kindermord zu Bethlehem: vgl. Mt. 2,16–18.

Stores: »Store« ›Fenstervorhang‹ (von lat. »storea, storia«
›aus Binsen, Stroh oder Tauen geflochtene Decke, Matte‹).
Das im Schweizerdeutsch geläufige, im Hochdeutschen
seltene Wort kommt auch in Thomas Manns »Budden-
brooks« vor.

50 Pfund: beträchtliche Geldsumme in einer als imaginär zu
denkenden Währung. Mark oder Franken hätten im Wi-
derspruch zum Modellcharakter des Stücks gestanden und
ihn zumindest teilweise aufgehoben.

Pfahl: Er soll laut Frischs »Notizen von den Proben«
(GW IV, S. 566 f.) nur genannt, nicht gesehen werden.
Durch den Verzicht auf die äußerliche Optik wird die ural-
te Symbolik noch deutlicher (vgl. »Handwörterbuch des

deutschen Aberglaubens«, Bd. 6, ferner 2. Kor. 12,7). Der
Pfarrer erkennt nach dem 7. Bild die Gefährlichkeit seines
Vorurteils: durch das Bildnis-Machen Andri an den Pfahl
gebracht zu haben.

Ich werde dieses Volk vor seinen Spiegel zwingen: vgl. auch
im 12. Bild: *Geht heim vor euren Spiegel und ekelt euch.*
Schmitz bringt das Motiv des Spiegels in seinen »Neun Thesen zu ›Andorra‹« in Verbindung mit Hofmannsthal –
nicht dagegen mit Keller – (vgl. Wendt/Schmitz, 1978,
S. 153) und in seinem Nachwort zu dem Frisch-Sammel-
band »Forderungen des Tages« mit Frischs Skizze »Was
das eigentliche Wunder ist . . .« aus dem Jahr 1939, wo das
Motiv des Spiegels im Zusammenhang mit dem Lob der
Schweizer Landesausstellung auftaucht. Zu Kellers und
Frischs Ansichten über den Spiegel, den sich eine Gesellschaft vorhält, vgl. Kap. V, 3 und 4.

Prozession: Sie soll gemäß Regieanweisung *langsam und lang
und schön* wirken; dazu allerdings einige Zeilen vorher der
Hinweis auf Fahnen und eine Muttergottes, *begleitet von
aufgepflanzten Bajonetten.* Frisch schrieb in einem Brief an
den Regisseur George Tabori, die Prozession solle das
Volk zeigen, das sonst erst am Schluß auf die Bühne käme,
was falsch wäre (vgl. Wendt/Schmitz, 1978, S. 57).

Trester: verkürzt für »Tresterbranntwein«, ein aus Trestern
(bei der Weinkelterung übrigbleibenden Rückständen)
hergestelltes cognacähnliches Getränk.

lieber tot als Untertan: schlagwortartige Kontamination aus
dem in der Schweiz populären Schiller-Zitat »Eher den
Tod, als in der Knechtschaft leben« (»Wilhelm Tell« II,2)
und dem Refrain aus Liliencrons Ballade »Pidder Lüng«:
»Lewwer duad üs Slav«; vom Soldaten im 8. Bild wieder-
holt.

Zeugenschranke: Vorrichtung im Gerichtssaal, durch die die
Zeugen vom Angeklagten, von den Richtern usw. separiert
werden. Der Zeuge ist eine Person, die vor einer Behörde
über relevante Wahrnehmungen Auskunft gibt – »aus-
sagt« – oder über eine Handlung rechtskräftig informiert.

Die Aussage muß grundsätzlich mit einem Eid bekräftigt werden können. Der Zeuge muß urteilsfähig sein (fähig, sich ein genaues Bildnis zu machen, könnte im Sinne Frischs ergänzt werden). In »Andorra« wird durch die Vordergrund-Intermezzi die Funktion der Zeugen teils variiert, teils pervertiert. Wille und Wunsch zur Wahrheitsfindung fehlen, Entschuldigungen treten an die Stelle von sachlichen Informationen. Zur Inszenierung schrieb Frisch in den »Notizen von den Proben«: »Wir beraten, was der Verfasser noch nicht bedacht hat, die Machart, daß es keine Conférence wird, sondern daß die Figur sich selbst bleibt, spricht, als stünde sie an einer Zeugenschranke. Also: nehmen wir eine Schranke. Wo soll sie stehen? Der erste Schauspieler, der, nur um zu probieren, mit einer losen Schranke auftritt, überzeugt uns, daß die Schranke nicht verschraubt, sondern lose sein muß; das hebt die Illusion auf, die falsch wäre, die Illusion, daß die Rechtfertigung und die Geschichte gleichzeitig stattfinden« (GW IV, S. 570). Dazu Peter Pütz in seinem Aufsatz über »Andorra« als »Modell der Mißverständnisse«: »Dabei ist zu beachten, daß die Figuren in den Vordergrundszenen nicht ›ad spectatores‹ sprechen; daher ist der Vergleich mit Eliots ›Mord im Dom‹ verfehlt. [. . .] Die Figuren in den Vordergrundszenen rechtfertigen sich also nicht ›vor‹ dem Publikum, sondern ›wie‹ und ›für‹ das Publikum. Dieses wird durch das dramatische Mittel der Vordergrundszene nicht nur wie im epischen Theater zur analytischen Arbeit eingeladen, es wird auf die Bühne gezerrt; denn dort wird seine ureigene Sache verhandelt« (S. 42).

Zweites Bild

Barblin beschäftigt sich mit ihrem Haar: Schon dem Soldaten im 1. Bild gefällt Barblins Haar. Im ganzen aber wird das Bild des Haares leitmotivisch für die innige Beziehung Barblins zu Andri gebraucht. Er liebt ihr Haar und formuliert im 11. Bild als schwersten Vorwurf, ihr Haar sei in Peiders

Händen gewesen. Im letzten Bild meint der Pater, nachdem Barblin geschoren ist, sie suche ihr Haar – und die
Hilflosigkeit seines Trostes gipfelt in dem Ausspruch,
ihr Haar werde wieder wachsen. Das Haar ist in der Bibel
(etwa bei Samson) unter anderem ein Zeichen der Kraft, bei
Shakespeares Ophelia Sinnbild für Liebe und Tod, bei
Hofmannsthal ein Verweis auf überindividuelle Zusam-
menhänge. In den »Terzinen über Vergänglichkeit« steht:
»Meine Ahnen, die [. . .] mir verwandt sind wie mein eig-
nes Haar«. Spuren von Hofmannsthals Einfluß lassen sich
vor allem im Frühwerk Frischs erkennen.

ohne Gemüt: Auch als Frage an den Pater im 7. Bild: *Stimmt
das, Hochwürden, daß ich kein Gemüt habe?*, und als Gewißheit im 9. Bild: *Ich habe kein Gemüt.* Der Begriff des
Gemüts, seit der Romantik charakteristisch für das Deutsch-
tum, erweist sich in Andris Wunschdenken als entschei-
dend. Gemüt (und damit Gemütlichkeit), so lautet ein ver-
breitetes Vorurteil, könnten grundsätzlich nur Deutsch-
stämmige haben.

Du mit deinen andern: vgl. Andris Satz gleich darauf: *Ich
weiß nicht, wieso ich anders bin als alle*, und ähnliche Formulierungen im Gespräch mit dem Pater im 7. und 9. Bild.
Zum Problem des ›Anderen‹ vgl. die Ausführungen von
Sartre (s. S. 66 f.) und Theunissen (s. S. 82).

Drittes Bild

Tschersi: Jersey (engl.): Trikothemd aus feinem Stoff, Sport-
dress.

verzapft: durch Zapfen fest verbunden, solid gefügt, nicht
nur geleimt. Beweis für die Haltbarkeit der andorranischen
Waren.

Zedern vom Libanon: vgl. Ps. 92,13.

Schnorr nicht soviel: nach dem »Wörterbuch der schweizerdeutschen Sprache« (Bd. 9, Sp. 1279) meist verächtlich für
›viel, eilfertig, laut grob, aufdringlich reden und schwat-
zen; aufschneiden, maulen‹. Im Schweizerdeutsch also

verschieden von hochdt. »schnorren, schnurren« ›bettelnd
umherziehen‹. In einigen Schweizer Gebieten »Schnorrer«
jedoch auch ›Handelsjude‹.

Viertes Bild

mens sana in corpore sano: (lat.) ein gesunder Geist in einem
    gesunden Körper; seinerzeit ein im konservativen Bil-
    dungsbürgertum sehr beliebtes Zitat aus einer Satire Juve-
    nals.

Virus: (lat.) ›giftiger Saft‹: Gruppe kleinster, sehr verschie-
    denartiger, eigenständiger Teile von kristallinem bis lebe-
    wesenartigem makromolekularem Bau im Zellstoffwech-
    sel; sie vermehren sich auf Kosten des Lebewesens. Die
    Viren können gesunde Zellen befallen und erkranken las-
    sen oder töten. In jüngster Zeit werden immer weitere Vi-
    ren entdeckt. Daß Andri danach fragt und der Doktor
    nicht antwortet, ist bezeichnend für die beiden gegensätzli-
    chen Einstellungen gegenüber der in Andorra virulenten
    Gefahr (der tödlichen Vorurteile). Im Stück wirkt das Böse
    nicht als Dämon oder Teufel, sondern als Giftstoff und
    Krankheitserreger. Andri am Ende des 2. Bildes: *Das ist*
    das Böse. Alle haben es in sich. [. . .] Es ist in der Luft.

Die Damen waren scharf auf ihn: Diese Äußerung des Arz-
    tes, kurz nach dem lateinischen Floskel, ist typisch für seine
    Sprachhaltung: eine Mischung von Bildungsanspruch und
    dem Hang zum Anrüchigen.

Heimat: für den Doktor hier svw. ›Verwurzeltheit‹; eine
    Seite später allerdings: *unsereinem bleibt* [weil überall Ju-
    den auf den Lehrstühlen hocken] *nichts andres übrig als die*
    Heimat. Andri im 9. Bild: *ich habe keine Heimat.* Zu ver-
    gleichen ist Frischs von allen biologischen Voraussetzungen
    freier Heimatbegriff, z. B. im ersten Tagebuch (GW II,
    S. 696 f.) oder in der Rede »Die Schweiz als Heimat?«
    (1974) mit der Schlußbemerkung, daß man sich seiner Hei-
    mat unter Umständen auch zu schämen habe (GW VI,
    S. 517). Vgl. aber auch seine in Kap. V, 3 referierte pa-

triotische Äußerung über die Landesausstellung 1939. Heimat und Vaterland seien damals für Frisch Synonyme gewesen, sagt Walter Schmitz im Nachwort zu Frischs Anthologie »Forderungen des Tages« (S. 364).

Sie wissen ja nicht, was sie reden: eine der zahlreichen im
Stück vorkommenden Variationen biblischer Wendungen.
Hier Lk. 23,34: »sie wissen nicht, was sie tun.«

Einmal wollten wir uns vergiften ... mit Tollkirschen: Das
Motiv erscheint auch im 11. Bild. Die Tollkirsche ist ein
u. a. in Bergwäldern Südeuropas vorkommendes Nacht-
schattengewächs mit braunroten Blüten und glänzend
schwarzen Beeren, die sehr giftig sind.

Fünftes Bild

die Lüge ist ein Egel: Gemeint ist der Blutegel, ein lang-
gestreckter Wurm, der sich an Lebewesen festsaugt und
ihnen Blut entzieht. Der Lehrer, der im 1. Bild das Volk
vor seinen Spiegel hat zwingen wollen (vgl. S. 10), greift
mit der Metapher vom Egel auf eine nicht minder extreme
Idee von Wahrheit und Lüge zurück.

Sechstes Bild

Barblin will schreien, aber der Mund wird ihr zugehalten:
Ursprünglich sollte Barblin den Schrei am Ende der Szene
ausstoßen, als Andri die Tür aufsprengen will. Bei den
Proben wurde jedoch deutlich, daß dieser Schrei Barblin
gleichsam entblößt hätte. Frisch hat sich über die Stelle
in den »Notizen von den Proben« ausführlich geäußert
(GW IV, S. 563–565). »Barblin, in dieser Szene nicht
sichtbar, kann vorher und nachher spielen, wie sie will,
unsere Meinung über sie wird entstehen in einer Szene, da
sie selbst nicht auf der Bühne ist, also ohnmächtig, in einer
Pantomime zudem, also zwischen den Zeilen« (ebd.,
S. 563).

Hähne krähen: hier sicher nicht nur Zeichen des Morgen-

grauens, sondern Erinnerung an das Krähen des Hahns
beim Verrat Petri (vgl. Mt. 26,34.74 usw.); eines der ge-
meinverständlichsten Sinnbilder der christlichen Überlie-
ferung. Hier verweist es auf den früheren Verrat des Vaters
an seinem Sohn und an der Wahrheit.

Order ist Order: abgeschwächte Variante der bekannten Formel »Befehl ist Befehl«. Erst bei der Unterwerfung unter
die fremden Machthaber im 10. Bild verwendet der Soldat
dann das harte *Befehl ist Befehl*, ebenso wie der Geselle im
12. Bild. Die Herkunft dieses weitverbreiteten Ausdrucks
des Kadavergehorsams liegt vorläufig im dunkeln. Sie
dürfte eine simplifizierende Zusammenfassung der in der
Bibel gebotenen Gehorsamspflicht (vgl. Mt. 6,9 und 10:
Hauptmann von Kapernaum; außerdem Christusworte
»Ich bin der Weg«, »Dein Wille geschehe«) und römischer
Militärdisziplin sein. Die Interpretation des Christentums
als Religion des Gehorsams wird indes heute oft in Frage
gestellt.

Siebtes Bild

Du sollst dir kein Bildnis machen: das zweite Gebot (vgl.
2. Mose 20,4). Hauptthema in Frischs Schaffen seit dem so
betitelten Aufsatz von 1946, dem ersten Tagebuch, dem
Stück »Als der Krieg zu Ende war« und vor allem dem
Roman »Stiller« (1954), wo Julika davon zuerst von dem
jungen Jesuiten in Davos hört (GW III, S. 467); ihrem
Mann gegenüber steigert sie zu »Jedes Bildnis ist eine Sün-
de« (ebd., S. 500). Die Umwelt hat sich von Stiller/White
ein liebloses Vorurteil gebildet, und er macht sich's von
Land und Leuten. So flieht er. Das Thema ist ein Beleg für
die »vage, zum Metaphysischen tendierende Zivilisations-
kritik« (Stephan, 1983, S. 8) vor allem der mittleren Jahre
in Frischs Schaffen; sie machte ihn in vielen Kreisen außer-
ordentlich beliebt. Vgl. auch Anm. zu *Pfahl* (S. 9 f.), ferner
das Zitat zur gegenteiligen Auffassung Brechts (S. 72 f.).
Brecht vertraute auf die verändernde Wirkung der »kleinen

Modelle«, auch bei Menschen. Dazu die Diskussion des »generell aufklärerischen Modus der Überwindung des Vorurteils« bei Brecht im Vergleich zu Frischs Auffassung (»Vorurteil als die Bedingung des Daseins überhaupt«) in Theo Elms Aufsatz »Schreiben im Zitat«.

Achtes Bild

die Letzten werden die Ersten sein: vgl. Mt. 19,30.

Hort des Friedens und der Freiheit und der Menschenrechte: Anspielung auf das Klischee Schweiz. Kurz zuvor sagt der Doktor: *[...] kein Volk, das in der ganzen Welt so beliebt ist wie wir.* Vgl. Anm. zu *Unsere Waffe ist unsere Unschuld. Oder umgekehrt* (S. 16 f.).

Ich sage: sie werden's nicht wagen: ein wörtliches Zitat aus Georg Büchners Drama »Dantons Tod« (II,4), worauf Knapp/Knapp (S. 25) hinweisen.

Es heißt nicht Spitzelin, sondern Spitzel: Tatsächlich ist im Deutschen eine solche Femininbildung nicht üblich.

Ein Wirt kann nicht Nein sagen: Es war weniger das Schweizer Gastgewerbe im besonderen als die Schweizer Wirtschaft im allgemeinen, die zur Zeit der Herrschaft der faschistischen Achse Deutschland–Italien kompromißbereit war, es sein mußte oder wollte; vgl. die historische Darstellung der damaligen Zwangslage von Alice Meyer, »Anpassung oder Widerstand. Die Schweiz zur Zeit des Nationalsozialismus«, Frauenfeld 1965.

Klotz: Im Gegensatz zur Schweiz kommt das Wort in der Bedeutung ›Geld‹ in anderen Gebieten nur im Plural vor (»Klötz«, »Kletz« im Badischen und Pfälzischen). Belege für schweiz. »Chlotz« finden sich u. a. im »Zürichdeutschen Wörterbuch« sowie in verschiedenen mündlich überlieferten Angaben (mitgeteilt von der Redaktion des »Schweizerdeutschen Wörterbuchs«).

Unsere Waffe ist unsere Unschuld. Oder umgekehrt: vgl. Anm. zu *Hort des Friedens.* Die Selbstüberschätzung der Andorraner bringt der Doktor in zahlreichen Variationen

zum Ausdruck (*Andorra ist ein Begriff*). Mit dem Ausspruch *Unsere Waffe ist unsere Unschuld* (vgl. 2. Kor. 6,7
»Waffen der Gerechtigkeit«) zitiert er angeblich Perin – *unser großer Dichter* –, womit Frisch kaum auf einen bestimmten Dichter einer bestimmten Zeit anspielen dürfte, sondern eher auf die in der Schweiz vor dem Zweiten Weltkrieg weitverbreitete Überzeugung, die Friedensinsel werde sicher von niemand angegriffen. Ein Manifest dieser
Haltung war die Landesausstellung 1939, die auch Frisch
beeindruckte (vgl. Kap. V, 4). Schon im 1. Bild tröstet der
Pater Barblin, niemand werde Andorra überfallen, denn
Andorra sei ein friedliches, schönes Land. Hinter dem tri-
vial-pharisäisch klingenden Ausspruch des Doktors ist die
Tradition der früheren Kleinstaat-Idealisierung kaum
mehr zu ahnen. Schon Albrecht von Haller versichert in
seinem Gedicht »Die Alpen« (1729), den einfachen, einfäl-
tigen, unschuldigen Landbewohnern in den Alpen könne
kein Unheil geschehen (»so lang die Einfalt daurt, wird
auch der Wohlstand währen«). Auch Christian Friedrich
Daniel Schubart schwärmt: »Deine Einfalt, dein Bieder-
sinn, dein Gottvertrauen, wird dich schüzen und wahren,
daß der marklose Arm der Fürstenknechte dich nie aus
deiner häuslichen Ruhe reiße«, und Schillers »Wilhelm
Tell« entwirft das klassische Bild des guten, tapferen Hir-
tenvolks »in der Unschuld Land« (III, 2).
Senora: span. »señora« ›Frau‹, ›Dame‹. Sie wird gemeinhin
für die schwächste Figur des Stücks gehalten, vielleicht
wegen ihres sonderbaren Lebenslaufs oder der oft traktat-
haften Sprache. Und doch ist einer ihrer Äußerungen (*Kein
Mensch, wenn er die Welt sieht, die sie ihm hinterlassen, versteht seine Eltern*, 9. Bild) in manchen Aufführungen sehr
applaudiert worden.
Warum hast du mich verraten: Anspielung auf den Verrat des
Judas an Jesus (vgl. Mt. 26,48 f. usw.).
David und Goliath: vgl. 1. Sam. 17.

Neuntes Bild

Topas: Mineral bzw. Edelstein in säulenförmigen Kristallen, meist gelb, grün, blau oder rot. Der vermutlich damit geschmückte Ring zeigt symbolhaft die enge Bindung zwischen Andri und der Senora, wie er selbst, der Lehrer (vgl. 10. Bild) und auch der Soldat (vgl. 12. Bild) spüren.

Ich bin gekommen, um dich zu erlösen: Parallele zum mehrfach feststellbaren Bedürfnis Anatol Stillers, sich und seine Frau zu erlösen.

Stein, der mich tötet: Der Stein ist – neben dem Pfahl – eines der wichtigen Motive. Die Senora wird von einem Stein getötet; im letzten Bild strauchelt der Tischler über einen Pflasterstein. Vgl. Joh. 8,7 »der werfe den ersten Stein« und Jes. 8,14 »Stein des Anstoßes«.

wir hörten nur seinen Schrei: Im 6. Bild war Barblins Schrei am Ende der Szene gestrichen worden; er hätte sie gleichsam entblößt. Dafür war ihr verhinderter Schrei am Anfang der Szene ergänzt worden (vgl. Anm. zu *Barblin will schreien, aber der Mund wird ihr zugehalten,* S. 14). Andris Schrei am Pfahl wird hier erwähnt; im 12. Bild hört man ihn.

Zehntes Bild

Sündenbock: derjenige, auf den man die eigenen Sünden oder die Sünden Dritter abwälzt; seit dem 17. Jh. gebräuchlicher bildlicher Ausdruck (nach dem mit den Sünden des jüdischen Volkes beladenen und in die Wüste gejagten Ziegenbock – vgl. 3. Mose 16 –, in dem auch die Nebenbedeutung ›Geilheit‹ mitschwingt). Vgl. auch Mauriacs Erklärung des Sündenbocks durch die Erbsünde (s. S. 78).

es schmeichelte ihnen, daß sie nicht sind wie diese da drüben: Beleg für die pharisäische Selbstgerechtigkeit der Andorraner. Vgl. Lk. 18,11: »Der Pharisäer stand und betete bei sich selbst: Ich danke dir, Gott, daß ich nicht bin wie andere Leute, Räuber, Ungerechte, Ehebrecher oder auch wie dieser Zöllner.« Schweizer werden, von Inländern wie von Ausländern, oft als pharisäisch kritisiert.

Fötzel: (eigentl. svw. ›Lappen‹, ›Fetzen‹) sehr krasses
schweiz. Schimpfwort für ›Lump‹, ›Vagabund‹. »Als
Schelte in bürgerstolzen Orten gegenüber den Fremden
gebraucht«: »Use mit dem frömde Fötzel!« (»Schweizer-
deutsches Wörterbuch«, Bd. 1, Sp. 1155).

Elftes Bild

Bruder: Das Thema Brüderlichkeit ist im Gesamtwerk
Frischs wichtig. Im 3. Heft des Romans »Stiller« antwortet
Anatol seinem Bruder Wilfried: »im Letzten, Sie haben
recht, spielt es gar keine Rolle, wer ich bin, wäre ich bloß
ein wirklicher Bruder« (GW IV, S. 525), und im 7. Heft,
nach einer Begegnung mit Wilfried, äußert er im Selbstge-
spräch: »Was heißt denn verstehen? Freunde müssen einander verstehen, um Freunde zu bleiben; Brüder sind immer Brüder« (ebd., S. 676).

So ausgetilgt: ausgesprochen hochsprachlich, was bei Andri
auffällt, hat doch Frisch besonders für ihn, aber auch allgemein in diesem Stück die mundartlich alltäglichen Elemente des Deutschen stärker forciert als in früheren Werken
(vgl. Schenker, S. 22).

Denk an dein Haar: dazu kurz vor dem Ausdruck der Angst
der Ausdruck der begehrlichen Verrücktheit: *Denk an un-*
sere Tollkirschen. Man kann sich hier an Andris ängstliche
Liebesbezeugung im 2. Bild erinnern: *Ich lieb dein Haar,*
dein rotes Haar, [...] ich werde sterben, wenn ich es verliere.

daß wir sozusagen einer gewissen Aktualität erlegen sind:
Diese Wendung, die im Klartext heißt: ›daß wir uns ange-
paßt haben‹, ist ein Musterbeispiel für die verlogene
»Hochsprache« des Doktors. Walter Schenker hat nachge-
wiesen, daß nur der Doktor und die Senora (als Auslände-
rin) mundartfreies Deutsch sprechen.

Zwölftes Bild

Judenschau: eine aus Elementen eines Schauprozesses, der
Femegerichte und der in Konzentrationslagern üblichen
»Inspektionen« konstruierte Szene. Die Überprüfung der
nackten Füße soll vielleicht ein Ersatz für die von den Nazis durchgeführten Kontrollen der Beschneidung sein. Daß
Juden Plattfüße hätten, gehört zum Repertoire antisemitischer Vorurteile.

Schwarze Tücher: Der von Knapp/Knapp (S. 25) angenommene Zusammenhang mit 2. Mose 3,5 f. ist unwahrschein-
lich. Wichtiger ist der Anklang an mit banalen Wendungen
wie »Schwamm drüber« verwandte Redensarten. Der Lehrer schreit im selben Bild den andern entgegen: *Wer unter
ihnen der Mörder ist, sie untersuchen es nicht. Tuch
drüber! Sie wollen's nicht wissen. Tuch drüber!*

Das nenne ich Organisation: Typische Wendung der Bewun-
derung für die Effizienz von Diktaturen, wie sie sich zur
Zeit Hitlers und Mussolinis auch bei relativ demokratisch
Gesinnten zeigte. Der Ausdruck »Organisation Todt« –
Fritz Todt leitete u. a. den Bau der deutschen Autobahnen
und des Westwalls – war vielfach ein Synonym für deutsch-
tüchtiges Vorgehen.

Schuh ausziehen: Auch hier ist der von Knapp/Knapp (S. 25)
angenommene Zusammenhang mit 2. Mose 3,5 f. unwahr-
scheinlich.

Das Hoheitszeichen kommt oben rechts: Vermutlich Reminiszenz an das, was der Kanonier Max Frisch erfahren hatte, wenn er Wolldecken so zusammenlegen mußte, daß das
Schweizerkreuz oben rechts plaziert war.

Machen Sie keine Krämpfe: Machen Sie keine überflüssigen
Umstände; spielen Sie sich nicht auf.

Wo hast du meinen Bruder hingebracht: vgl. 1. Mose 4,9:
»Wo ist dein Bruder Abel?«

Wo, Vater Benedikt, bist du gewesen: Die Frage Barblins
erinnert ähnlich wie ihre Worte am Schluß (*Wenn er wie-
derkommt, das hier sind seine Schuh*) natürlich ebenfalls an

die Bibel. Der Theologe Hans Rudolph Rothweiler schrieb
mir dazu: »Die Person des Paters hat in der Bibel keinen
Anhalt, höchstens ganz entfernt, etwa in der Figur des
Rubens, der nach Genesis 37,29 offenbar ausblieb, als Joseph nach Ägypten verkauft wurde, und dies, obwohl er
ihn retten wollte. Weit entfernt auch von der Figur des
johanneischen Christus (Joh. 11,21), der in der Todesstunde des Lazarus seine Gegenwart entzog.« In der Frage Barblins kann auch eine vage Reminiszenz an Bölls 1951 erschienenen Roman »Wo warst du, Adam?« und dessen
Motto aus Haeckers Tag- und Nachtbüchern (1947) gesehen werden: »Eine Weltkatastrophe kann zu manchem
dienen. Auch dazu, ein Alibi zu finden vor Gott. Wo warst
du, Adam?«

II. Vorstufen und Entstehungsgeschichte

1. Frischs Besprechung der »Andorranischen Abenteuer« von Marieluise Fleißer

FRISCH hat die Zeit des ersten Entwurfs von »Andorra« im Programmheft der Uraufführung exakt angegeben: »1946 im Café de la Terrasse, Zürich, vormittags« (zit. nach: Wendt/Schmitz, S. 41). Unerwähnt bleibt in diesem Zusammenhang – wie bislang von allen Kommentatoren – seine Besprechung von Marieluise Fleißers Geschichten »Andorranische Abenteuer« in der »Neuen Zürcher Zeitung« vom 21. Dezember 1932. Wir lesen dort unter anderem:

> »Andorra ist winzig an Ausmaß, reich an Drolligkeiten. Mit seinen 6000 Einwohnern, die sich wie eine Familie fühlen und keinen Polizisten brauchen. [...] Buntscheckig schreibt sie es auf. Als meisterhafte Zeichnerin der Oberfläche, die Dinge von vorne und hinten schauend, nur leider nicht von innen. Nicht dichterisch. Denn es mangelt ihr eine im weitesten Sinne des Wortes lyrische Beziehung zu den Gegenständen, so daß wir immer die bayrische Marieluise Fleißer vernehmen, nicht die Meere, nicht die Stürme über den Pyrenäen, nicht die andorranischen Schluchtgewässer. Es fehlt das Rauschen aus der Tiefe.«

GW I. S. 32.

In der Tat war MARIELUISE FLEISSERS Andorra-Bericht mehr Reisereportage als Dichtung. Die beiden folgenden Passagen zeigen gleichwohl Verbindungen zwischen dem Bericht Fleißers und dem von Frisch entworfenen Bild der Andorraner:

> »L'Hospitalet [...] ist ein trostloses verjauchtes Steinnest, in dem die Bahn-, Post- und Zollbeamten als die ausschließlich ›gebildeten‹ Elemente des Ortes die einzige Sensation ihres Lebens aus einem übertriebenen Standesbewußtsein ziehen. Über ihnen aber steht der Wirt, zugleich Maire des Dorfes,

der mit allen Beamten in seinem Haus an einem langen Tisch
ißt und sich an erster Stelle vor seinen zahlenden Gästen ser-
vieren läßt. [. . .] Wir sind in Andorra, der schlau und fromm
auf ihre Berge vertrauenden Bauernrepublik, die selbst
Napoleon nicht erobern konnte.

Sie ist etwas Besonderes, weil sie zu den vier kleinsten Staaten
Europas gehört, und weil sie in ihren geographischen Grenzen, ihren politischen Institutionen, ihren Sitten und
Gebräuchen sich nahezu unverändert aus dem frühen Mittel-
alter herübergerettet hat«.

Marieluise Fleißer: Andorranische Abenteuer. In:
M. F.: Gesammelte Werke. Bd. 2. Frankfurt a. M.:
Suhrkamp, 1972. S. 253, 257.

2. Marion, Andri – Andorra

Zu Beginn seines ersten Tagebuchs, dessen Teilpublikation
ursprünglich den Titel »Tagebuch mit Marion« trug, notiert
Frisch eine kurze Szene, wie der junge Künstler Marion auf
der Straße seine Marionette, eine Christusfigur, vorführen
will und von einem Gendarmen daran gehindert wird. Das
folgende Kapitel, »Marion und die Marionetten«, in dem das
Thema fortgeführt wird, beginnt mit den Sätzen: »Andorra
ist ein kleines Land, sogar ein sehr kleines Land, und schon
darum ist das Volk, das darin lebt, ein sonderbares Volk,
ebenso mißtrauisch wie ehrgeizig, mißtrauisch gegen alles,
was aus den eignen Tälern kommt« (GW II, S. 352). Von der
Angst der Andorraner, die Maßstäbe zu verlieren, ist die
Rede, und vom andorranischen Wappen: eine Burg mit einem
gefangenen Schlänglein, das nach seinem eigenen Schwanz
schnappt; das Wappen »deutet auf das Verhältnis zwischen
Andorraner und Andorraner, welches ein leidiges ist wie meistens in kleinen Ländern« (ebd.). Marion will das Stück von
Christus vor Reich und Arm zeigen, was schwerfallen wird,
denn die Gesellschaft um ihn ist voll Heuchelei, und er selbst
fühlt sich oft wie verstoßen. Dennoch wird auch er sich mit-

unter seiner Unwahrhaftigkeit bewußt; dann sieht er in jedem
Spiegel den Judas (ebd., S. 358). Er begeht schließlich Selbstmord.

Das Kapitel »Marion und das Gespenst« führt einen Fall von
Vorurteil und Bildnismachen vor und analysiert ein Verhältnis, das dem zwischen Andri und Peider nicht unähnlich ist:
»Einmal hat Marion, so wie man einen Schnupfen hat, plötzlich das alberne und hinderliche Gefühl, daß ein gewisser
Andorraner ihm feindlich gesinnt sei. [...] Dabei weiß
Marion selber nicht, woher er dieses Gefühl eigentlich
bezieht; er hat nie mit dem Menschen gesprochen. [...] Er
hatte *sich* nun einmal in diesen Pedro *verhaßt*, und wie er
später sehen konnte, hatte ihm dieser Haß fast alle Gedanken
jener Zeit verhunzt; es kam eine Schärfe in alles, was er dachte
und sagte, ein Drang nach Besserwissen, eine Bosheit, die
unsere Worte immer spitzer, aber nicht überzeugender
macht« (ebd., S. 364 f.; Hervorhebung H. B.). Bald darauf
folgt im Tagebuch das berühmte Kapitel »Du sollst dir kein
Bildnis machen«, auf das später eingegangen werden soll
(Kap. V,4), sowie die Geschichte vom andorranischen Juden
(s. Kap. II,3).

Marion kann als zweites Ich des Autors betrachtet werden,
ähnlich wie Bin in der gleichnamigen Dichtung (»Bin oder
Die Reise nach Peking«, 1944). Sein Name klingt weicher als
der Andris – soll man, außer an die Marionetten, an Thomas
Manns Dichtung »Mario und der Zauberer« (1930) denken?
Sein Schicksal hat noch wenig politische Relevanz. Unterschiede und Ähnlichkeiten der Figuren Marion und Andri
sind schon früh erkannt worden:

»Das Land, in dem der Puppenspieler seine Stücke vorführt,
heißt Andorra. Im späteren Bühnenstück verdeutlicht der
Namenswechsel nurmehr die Tatsache, daß der junge Mann
ein Andorraner ist. Doch während Marion sich erhängt, wird
Andri hingerichtet. Widersetzt sich das gegensätzliche Verhalten ihrem Schicksal gegenüber (Marion aktiv, Andri pas-
siv) nicht einer unmittelbaren Metamorphose beider Gestal-

ten? Dazu sei bemerkt, daß Andri in Wahrheit keineswegs ein
passiveres Schicksal erleidet als Marion. Auch sein grausames
Ende muß als Selbstmord bezeichnet werden. Wie Marion
erweist er sich als ein Puppenspieler. Seine bezeichnendste
Äußerung macht er im neunten Bild, als er dem Pater vorhält:
›Alle benehmen sich heut wie Marionetten, wenn die Fäden
durcheinander sind, auch Sie, Hochwürden.‹«

Manfred Jurgensen: Max Frisch. Die Dramen.
Bern: Lukianos, 1968. S. 80.

3. »Der andorranische Jude«

Und nun die Fabel, die FRISCH selber früh als seinen ureige-
nen Stoff erkannte:

»In Andorra lebte ein junger Mann, den man für einen Juden
hielt. Zu erzählen wäre die vermeintliche Geschichte seiner
Herkunft, sein täglicher Umgang mit den Andorranern, die
in ihm den Juden sehen: das fertige Bildnis, das ihn überall
erwartet. Beispielsweise ihr Mißtrauen gegenüber seinem
Gemüt, das ein Jude, wie auch die Andorraner wissen, nicht
haben kann. Er wird auf die Schärfe seines Intellektes verwie-
sen, der sich eben dadurch schärft, notgedrungen. Oder sein
Verhältnis zum Geld, das in Andorra eine große Rolle spielt:
er wußte, er spürte, was alle wortlos dachten; er prüfte sich,
ob es wirklich so war, daß er stets an das Geld denke, er prüfte
sich, bis er entdeckte, daß es stimmte, es war so, in der Tat, er
dachte stets an das Geld. Er gestand es; er stand dazu, und die
Andorraner blickten sich an, wortlos, fast ohne ein Zucken
der Mundwinkel. Auch in Dingen des Vaterlandes wußte er
genau, was sie dachten; sooft er das Wort in den Mund
genommen, ließen sie es liegen wie eine Münze, die in den
Schmutz gefallen ist. Denn der Jude, auch das wußten die
Andorraner, hat Vaterländer, die er wählt, die er kauft, aber
nicht ein Vaterland wie wir, nicht ein zugeborenes, und wie
wohl er es meinte, wenn es um andorranische Belange ging, er
redete in ein Schweigen hinein, wie in Watte. Später begriff

er, daß es ihm offenbar an Takt fehlte, ja, man sagte es ihm einmal rundheraus, als er, verzagt über ihr Verhalten, geradezu leidenschaftlich wurde. Das Vaterland gehörte den anderen, ein für allemal, und daß er es lieben könnte, wurde von ihm nicht erwartet, im Gegenteil, seine beharrlichen Versuche und Werbungen öffneten nur eine Kluft des Verdachtes; er buhlte um eine Gunst, um einen Vorteil, um eine Anbiederung, die man als Mittel zum Zweck empfand auch dann, wenn man selber keinen möglichen Zweck erkannte. So wiederum ging es, bis er eines Tages entdeckte, mit seinem rastlosen und alles zergliedernden Scharfsinn entdeckte, daß er das Vaterland wirklich nicht liebte, schon das bloße Wort nicht, das jedesmal, wenn er es brauchte, ins Peinliche führte. Offenbar hatten sie recht. Offenbar konnte er überhaupt nicht lieben, nicht im andorranischen Sinn; er hatte die Hitze der Leidenschaft, gewiß, dazu die Kälte seines Verstandes, und diesen empfand man als eine immer bereite Geheimwaffe seiner Rachsucht; es fehlte ihm das Gemüt, das Verbindende; es fehlte ihm, und das war unverkennbar, die Wärme des Vertrauens. Der Umgang mit ihm war anregend, ja, aber nicht angenehm, nicht gemütlich. Es gelang ihm nicht, zu sein wie alle andern, und nachdem er es umsonst versucht hatte, nicht aufzufallen, trug er sein Anderssein sogar mit einer Art von Trotz, von Stolz und lauernder Feindschaft dahinter, die er, da sie ihm selber nicht gemütlich war, hinwiederum mit einer geschäftigen Höflichkeit überzuckerte; noch wenn er sich verbeugte, war es eine Art von Vorwurf, als wäre die Umwelt daran schuld, daß er ein Jude ist –
Die meisten Andorraner taten ihm nichts.
Also auch nichts Gutes.
Auf der andern Seite gab es auch Andorraner eines freieren und fortschrittlichen Geistes, wie sie es nannten, eines Geistes, der sich der Menschlichkeit verpflichtet fühlte: sie achteten den Juden, wie sie betonten, gerade um seiner jüdischen Eigenschaften willen, Schärfe des Verstandes und so weiter. Sie standen zu ihm bis zu seinem Tode, der grausam gewesen ist, so grausam und ekelhaft, daß sich auch jene Andorraner

entsetzten, die es nicht berührt hatte, daß schon das ganze
Leben grausam war. Das heißt, sie beklagten ihn eigentlich
nicht, oder ganz offen gesprochen: sie vermißten ihn nicht –
sie empörten sich nur über jene, die ihn getötet hatten, und
über die Art, wie das geschehen war, vor allem die Art.
Man redete lange davon.
Bis es sich eines Tages zeigt, was er selber nicht hat wissen
können, der Verstorbene: daß er ein Findelkind gewesen,
dessen Eltern man später entdeckt hat, ein Andorraner wie
unsereiner –
Man redete nicht mehr davon.
Die Andorraner aber, sooft sie in den Spiegel blickten, sahen
mit Entsetzen, daß sie selber die Züge des Judas tragen, jeder
von ihnen.
Du sollst dir kein Bildnis machen, heißt es, von Gott. Es
dürfte auch in diesem Sinne gelten: Gott als das Lebendige in
jedem Menschen, das, was nicht erfaßbar ist. Es ist eine Ver-
sündigung, die wir, so wie sie an uns begangen wird, fast ohne
Unterlaß wieder begehen –
Ausgenommen wenn wir lieben.«

GW II. S. 272–274.

Wir erinnern uns, daß auch Marion sich im Spiegel als Judas
erblickte.

4. Erfahrungen im Schauspielhaus und der Weg
zum Drama

Aus dem gleichen Jahr wie die Marion-Skizze, 1946, stam-
men Eintragungen des ersten Tagebuchs über Frischs konkrete Theatererfahrungen wie die Hauptprobe seines Stücks
»Die chinesische Mauer«, Gedanken zum Problem des Büh-
nenrahmens und der Rampe. 1948 folgen wichtige Überle-
gungen über das Theatralische, das Verhältnis des optisch
und akustisch Erfaßbaren auf der Bühne etc. (vgl. GW II, S.
398, 401, 453, 570). In seinem Brief an die ratlose Darstellerin
einer Nebenrolle in der »Chinesischen Mauer« (1946)

schreibt er über die »Bühne in unserem Kopf« mit ihren Angst- und Wunschgestalten, in der Studie »Theater ohne Illusion« (1948) zitiert er Thornton Wilder, der »uns das Theater wieder lebendig machte«. 1949 notiert er seine Eindrücke von den Begegnungen mit Brecht, 1960 antwortet er, veranlaßt durch den Wettbewerb für den Neubau des Stadttheaters Zürich, auf eine Umfrage mit dem Titel »Wie soll man neue Theater bauen?«, indem er, jetzt schon von einer sozusagen konservativen Position aus, auf die uralte Idee Theater hinweist und ein wenig über die Architekten spottet, die meinten, man könnte durch neue Gebäude eine neue Dramatik kreieren: das sei »lieb« (GW IV, S. 260). Auch nach der Uraufführung von »Andorra« hat sich Frisch mehrfach zu architektonischen und politischen Theaterfragen wie zu solchen der Dramaturgie geäußert.

Die Zusammenarbeit mit dem Schauspielhaus blieb Frisch immer wichtig. Die Pfauenbühne war schon dadurch eine besondere Bühne, daß sie während vieler Jahre verfolgten Künstlern und politisch verfemten Autoren eine Zufluchtsstätte bot, und wenn es in der Buchausgabe von »Andorra« heißt: *dem Zürcher Schauspielhaus gewidmet in alter Freundschaft und Dankbarkeit*, so hat dies seinen wichtigen historischen Hintergrund. Elsbeth Pulver schreibt:

»Die deutschschweizerische Theaterszene der unmittelbaren Nachkriegszeit erhält ihren bestimmenden Akzent durch die dominierende Stellung und internationale Geltung des Zürcher Schauspielhauses – beides bekanntlich nicht einfach Ergebnis künstlerischer Anstrengung, sondern gefördert, ja bedingt durch die politischen Ereignisse: vor allem den Exodus deutscher Schauspieler nach 1933. Die exzeptionelle Rolle, welche Zürich in den vierziger Jahren spielte, kann durch nichts deutlicher illustriert werden als durch die Tatsache, daß damals nicht weniger als vier Stücke Brechts am Schauspielhaus uraufgeführt wurden: 1941 *Mutter Courage und ihre Kinder*, 1943 *Der gute Mensch von Sezuan*, im gleichen Jahr *Leben des Galilei*, 1948, unter persönlicher Assistenz Brechts, *Herr Puntila und sein Knecht Matti*.

[. . .] seit 1938 stand das Haus unter der Leitung von OSKAR WÄLTERLIN; immer arbeiteten Emigranten und Schweizer auf eine selbstverständliche Art zusammen – das Ergebnis also keine spezifisch schweizerische Leistung, aber auch keine deutsche, eine Institution vielmehr, die mit nationalen Kriterien nicht zu erfassen ist. Es wurde wahrscheinlich erst im Krieg ganz deutlich, wie unmittelbar das, was die ›Fremden‹ spielten, das schweizerische Publikum betraf, was für eine politische Wirkung von diesem Theater ausging, und zwar nicht nur von eigentlich politischen Stücken. [. . .] Folgendermaßen beschreibt ELISABETH BROCK-SULZER die Wirkung des Schauspielhauses: ›Diese Bühne eroberte sich nun zäh und endlich erfolgreich das schweizerische Publikum. Nicht so sehr, weil da gutes, sehr gutes Theater gemacht wurde, sondern weil da mittels der Bühne politisch gelebt werden konnte. Diese Emigranten, die da spielten und wissen mußten, daß, würde die Schweiz erobert, sie unter den ersten Opfern der Eroberer sein würden, sie spielten aus dem gleichen Lebensgefühl heraus, das, vielleicht minder andringend, minder bewußt, auch die Zuschauer erfüllte. Immer wieder konnte man beobachten, daß das schweizerische Publikum da vorwiegend politisch reagierte.‹ [. . .]
Bei Kriegsende war allerdings die ›heroische‹ Epoche des Schauspielhauses Zürich, die Zeit unmittelbarer politischer Ausstrahlung, abgeschlossen; in anderer Hinsicht sollte eine außergewöhnliche Epoche erst einsetzen: die Zeit der regelmäßigen Zusammenarbeit mit den beiden bedeutendsten Schweizer Dramatikern. Das Zürcher Schauspielhaus hat alle Stücke FRISCHS, die meisten Dramen DÜRRENMATTS uraufgeführt; KURT HIRSCHFELD war es, der Frisch ermunterte, sich seiner alten Liebe, der Bühne, zuzuwenden.«

Elsbeth Pulver: Die deutschsprachige Literatur der Schweiz seit 1945. In: Die zeitgenössischen Literaturen der Schweiz. Hrsg. von Manfred Gsteiger. Zürich/München: Kindler, 1974. (Kindlers Literaturgeschichte der Gegenwart.) S. 342–344.

Man vergleiche damit Frischs Rede zum Tode Kurt Hirschfelds, den »Roman eines Theaters« von Curt Riess und Werner Mittenzweis Würdigung »Das Zürcher Schauspielhaus – Sammelpunkt deutscher antifaschistischer Künstler«.

Frisch plante, sein neues Stück in der Saison 1958/59 zur Feier des zwanzigjährigen Bestehens des Schauspielhauses auf die Bühne zu bringen. Warum das nicht möglich war und warum er als Vorübung noch »Biedermann und die Brandstifter« nötig zu haben meinte, erklärt er in verschiedenen Briefen, Interviews und den »Anmerkungen«: das Thema war zu gewichtig, und die erste Fassung befriedigte ihn nicht (vgl. Wendt/Schmitz, 1978, S. 26–30); dort vor allem Frischs Brief an Siegfried Unseld vom 27. August 1961.

Frisch hat das Stück fünfmal geschrieben, bevor er es aus der Hand gab; die Vorfassungen sind nicht erhalten. Auch während der Proben für die Uraufführung wurde noch verschiedentlich geändert. So entstand die »Zürcher Fassung«. Hier ein Ausschnitt aus der bei Wendt/Schmitz (1978) zusammengestellten Synopse (S. 31–40):

Druckfassung	*Zürcher Fassung*
SOLDAT. Ich hab Urlaub.	SOLDAT. Ich hab Urlaub. (*Singt:*) Wenn einer seine Liebe hat / und einer ist Soldat, / Soldat, / das heißt Soldatenleben. (*Lacht.*)
[...]	[...]
TISCHLER. [...] Tischler werden, das ist nicht einfach, wenn's einer nicht im Blut hat. Und woher soll er's im Blut haben?	TISCHLER. [...] Tischler werden, das ist nicht einfach, wenn's einer nicht im Blut hat.
[...]	[...]
SOLDAT. [...] Ich riech nichts. *Andri lacht.* 's ist nicht zum Lachen, wenn einer Jud ist, 's ist nicht zum Lachen, du, nämlich ein Jud muß sich beliebt machen.	SOLDAT. [...] Ich riech nichts.

ANDRI. Warum?
[...]
WIRT. Ich gebe zu: [...]   WIRT. Hoher Gerichtshof! Mein
                                  Name ist Gaudenz. Beruf:
                                  Wirt. Ich gebe zu: [...]

Bei Frühwald/Schmitz (S. 18) findet sich ein zusammenfas-
sender Vergleich zwischen der »Zürcher Fassung« – mit ihren
15 Bildern – und der späteren Buchausgabe – mit 12 Bil-
dern.
Die Uraufführung in Zürich (2., 3. und 4. November 1961)
war ein außerordentlicher Erfolg, nicht zuletzt wegen der
hervorragenden Inszenierung und Besetzung. Regisseur war
Kurt Hirschfeld, Bühnenbildner Teo Otto. Es spielten Peter
Brogle (Andri), Kathrin Schmid (Barblin), Ernst Schröder
(Lehrer), Angelica Arndts (Mutter), Heidemarie Hatheyer
(Senora), Rolf Henniger (Pater), Kurt Beck (Soldat), Carl
Kuhlmann (Wirt), Peter Ehrlich (Tischler), Willy Birgel
(Doktor), Otto Mächtlinger (Geselle), Gert Westphal
(Jemand), Elmar Schulte (Idiot), Karl-Heinz Windhorst (Ju-
denschauer).

III. Zeitgeschichtliche Bezüge

Die anthropologische, philosophische, politische, zeitkritische und sozialgeschichtliche Relevanz wie auch die Aktualität von »Andorra« war und ist unbestritten. Im folgenden soll versucht werden, einige Parallelen zu zeitgeschichtlichen Problemen und Ereignissen zu ziehen, die dazu beitragen könnten, das Verständnis der Dichtung zu erleichtern und zu vertiefen.

1. Rückblick auf Konzentrationslager; der Fall Eichmann

Der »Judenschau« in »Andorra« ist zwar der gleiche Modellcharakter zuzusprechen, den das Stück überhaupt beansprucht, gleichwohl erinnert sie an die bekannten Erscheinungsformen der nationalsozialistischen Barbarei. In EUGEN KOGONS weitverbreitetem grundlegenden Bericht über die unmenschliche Behandlung der Häftlinge in deutschen Konzentrationslagern ist u. a. zu lesen:

»Die Vergasungsanlage war einfach und doch raffiniert. Die Einrichtung sah wie ein Bad aus und wurde den Opfern auch als solches bezeichnet. In einem Auskleideraum stand in den europäischen Hauptsprachen angeschrieben, daß man die Kleider geordnet hinlegen und die Schuhe zusammenbinden solle, damit sie nicht verlorengingen; nach dem Bad werde es heißen Kaffee geben. Vom Auskleideraum führte der Weg direkt ins ›Bad‹, wo aus den Duschen und den Ventilatorenpfeilern das Blausäuregas einströmte, sobald die Türen geschlossen waren. Nicht selten wurden Kleinkinder, wenn die Kammern vollgepfercht waren, noch durch die Fenster hineingeworfen. Je nachdem, wieviel Gas vorhanden war, dauerte der Erstickungstod bis zu vier und fünf Minuten. Währenddessen hörte man von drinnen das entsetzliche

Schreien der Kinder, Frauen und Männer, denen es langsam
die Lungen zerriß.«

> Eugen Kogon: Der SS-Staat. Das System der
> deutschen Konzentrationslager. Zürich/München:
> Kindler, 1974. S. 167.

Der nach dem Krieg wohl am häufigsten erwähnte Massen-
mörder war Adolf Eichmann: Bürokrat, Organisator grauen-
hafter Vernichtungsfeldzüge gegen die Juden, lange Zeit vergeblich gesuchter Kriegsverbrecher. 1960 wurde er endlich
von israelischen Agenten in Argentinien gefangen, und im
Frühjahr 1961 begann sein Prozeß in Israel. Der Prozeß dauerte bis zum Winter; wichtige Verhandlungen fanden im
Sommer statt, relativ kurz also vor den entscheidenden
Schlußproben für »Andorra«. EICHMANN versuchte immer
wieder seine Unschuld zu beteuern, zum Teil in den gleichen
Formulierungen wie die Andorraner vor der Zeugenschranke. Auch in seinem Schlußwort erklärte er, er habe
nichts Böses gewollt:

»Ich hatte das Unglück, in diese Greuel verwickelt zu wer-
den. Aber diese Untaten geschahen nicht mit meinem Willen.
Mein Wille war nicht, Menschen umzubringen. Der Massen-
mord ist allein die Schuld der politischen Führer. [. . .]
[. . .] Aber ich wurde festgehalten bei den dunklen Aufgaben.
Ich betone auch jetzt wieder, meine Schuld ist mein Gehorsam, meine Unterwerfung unter Dienstpflicht und Kriegs-
dienstverpflichtung und Fahnen- und Diensteid; dazu galt ab
Kriegsbeginn das Kriegsgesetz.
Dieses Gehorchen war nicht leicht. Und wieder, wer zu
befehlen und zu gehorchen hat, weiß, was man einem Menschen zumuten darf. Ich habe nicht mit Gier und Lust Juden
verfolgt. Dies tat die Regierung. Die Verfolgung konnte auch
nur eine Regierung durchführen. Ich aber niemals. Ich klage
die Regierenden an, daß sie meinen Gehorsam mißbraucht
haben.«

> Zit. nach: Bernd Nellessen: Der Prozeß von Jerusa-
> lem. Ein Dokument. Düsseldorf/Wien: Econ, 1964.
> S. 304.

2. Kalter Krieg; Vorurteile

Das Schwarz-Weiß-Denken wurde nach dem Ende des Zweiten Weltkriegs durch die Spannung zwischen Ost und West sehr gefördert. Das erste schlimme Signal war die Blockade Berlins 1948. In der Einleitung zu der Anthologie »Das Mauerbuch« heißt es:

»Hier in der Stadt, wo die Einflüsse der Großmächte sich überschnitten, fand die Machtprobe statt. Zuerst zeigten sich die Vertreter der westlichen Besatzungsmächte vom Auszug des sowjetischen Militärgouverneurs am 20. März 1948 aus dem gemeinsamen Alliierten Kontrollrat kaum beeindruckt. Das sollte sich durch die am 24. Juni verhängte Sperrung ihres Zugangs von und nach Berlin auf dem Wasser-, Land- und Schienenwege durch sowjetische Streitkräfte schnell ändern. Nicht nur die stationierten Truppen waren damit nach dem 24. Juni abgeschnitten, sondern ebenso die Handels- und Versorgungswege der über zwei Millionen Westberliner, auch die Stromlieferungen aus dem Ostsektor blieben aus. Die Rote Armee ließ lediglich die Luftwege offen. [...]
[...] Der Aufruf der Ostberliner Behörden, Westberliner sollten sich zum Kauf von Lebensmitteln und Kohlen in Ost-Berlin registrieren lassen, verhallte nahezu unbeachtet, obwohl der freie Personenverkehr innerhalb der Stadt erhalten blieb. Der Schwarzhandel zwischen Ost- und Westsektoren wurde dadurch sehr begünstigt.
Die Spaltung der Stadt dehnte sich während der Blockade nun auch auf die politischen und kulturellen Institutionen aus.«

> Das Mauerbuch. Texte und Bilder aus Deutschland
> von 1945 bis heute. Hrsg. von Manfried Hammer
> [u. a.]. Berlin: Oberbaumverlag, 1981. S. 18 f.

Nach der Blockade blieb die politische Entfremdung der beiden Parteien bestehen oder wuchs sogar an, und der Bau der Berliner Mauer vom 13. August 1961 war für viele keine Überraschung. Der abrupte Trennungsakt in eine Welt von hüben und eine von drüben schien ein Vierteljahr später

durch die Parabel »Andorra« verdeutlicht zu werden. Im
September 1961 schilderte der junge Westberliner ECKART
KRONEBERG seine Eindrücke unter dem Titel »Beschreibung
einer Mauer«:

»Deine Straße endet vor der Mauer. Die ist niedrig hier, du
kannst hinüberblicken. Links und rechts liegen Kleingärten.
Am Straßenrand, links und rechts, hört die Mauer schon wieder auf. Dort wird sie, links und rechts, fortgesetzt von einer
Doppelreihe aus Betonpfeilern. Die sind zwei Meter hoch,
und sie sind mit Stacheldraht verspannt, nicht nur Pfeiler mit
Pfeiler, sondern auch Reihe mit Reihe. Links führt ein Feld-
weg daran entlang. Auf beiden Seiten Kleingärten. [. . .]
Johannisthaler Chausee. Die Brücke über den Teltow-Kanal
ist auf dem östlichen Ufer zugemauert. Grün uniformierte
Grenzpolizisten stützen die Ellbogen auf die Betonplatten
und beobachten das westliche Ufer durch Feldstecher. Auf
diesem Ufer, hinter einer Baumgruppe, steht ein amerikani-
scher Schützenpanzer. Antennengewirr. Kinder ringsum,
meistens Jungen. Ein Knirps macht große Augen, bis ihm ein
GI einen Chewing Gum schenkt. Die Seligkeit. Vergeblich
versucht ein Schupo, die Kinder von dem Kampffahrzeug zu
vertreiben. Betonpfähle mit Stacheldraht am östlichen Kanal-
ufer. Immer wieder Doppelposten, ausgerüstet mit Schnell-
feuergewehr und Feldstecher. Sie suchen mit ihren Gläsern
das westliche Ufer ab.«

Eckart Kroneberg: Beschreibung einer Mauer. In:
Die Mauer oder Der 13. August. Hrsg. von Hans
Werner Richter. Reinbek: Rowohlt, 1961. S. 90 f.

Zu Beginn des folgenden Jahres schrieb die Journalistin MAR-
GRET BOVERI, die Verfasserin des wichtigen Buches »Der
Verrat im 20. Jahrhundert« (1956) unter dem Titel »Mauern,
die wir selber bauen«:

»Ebenso schlimm wie die Mauer aus Steinen, Mörtel und
Zement, die am 13. August quer durch Berlin gebaut worden
ist, scheint mir die Mauer zu sein, die sich im Laufe der
letzten fünfzehn Jahre fast unmerklich in der Vorstellungs-

welt der Deutschen auf beiden Seiten der Trennungslinie gebildet hat. Vielleicht ist sie sogar noch schlimmer, weil die Steinmauer sich einmal, wenn die politischen Voraussetzungen gegeben sein werden, mit physischen Mitteln von einem Tag auf den anderen abtragen läßt, wie ja auch die Backsteinmauern, die Goebbels Anfang 1945 gegen die vorrückenden Russen quer über Berlins Straßen legen ließ, verschwanden, sobald ihre Sinnlosigkeit mit dem Ende des Schießkriegs auch dem letzten an den ›Endsieg‹ Gläubigen offenbar geworden war.

Dagegen die immaterielle und doch so undurchdringliche Mauer, von der hier die Rede sein soll, kann nicht auf Grund von Beschlüssen der verantwortlichen Regierenden einfach abgebaut werden. Sie hat keinen geographischen Ort und ist doch in der Landschaft des Kalten Krieges in ihrer Doppelseitigkeit allgegenwärtig: gebaut aus vermeintlichen Erkenntnissen und propagandistisch erzeugten Vorstellungen, zementiert durch immer neu aufwallende und wieder erstarrende Lagen hochgepeitschter Erregungen. Es wird schwer sein, sie abzutragen; denn in jeder Seele weist sie ihre eigene erlebnisbedingte Struktur auf. Wie sie nur durch die raffiniert gehandhabten Mittel der *psychologischen Kriegsführung* aufgebaut werden konnte, so wird sie auch nur durch die behutsam aufklärende Therapie einer psychologischen *Friedensführung* – ein neuer Begriff, über den niemand nachzudenken scheint – überwunden werden können.

Zwei oberste Bauherren – die beiden Kommandozentralen des Kalten Krieges – haben diese Doppelmauer bestellt. Zahllose Angestellte sind als Bauleiter an ihrer stetig voranschreitenden Ausführung tätig. Sooft *Karl Eduard von Schnitzler* am Ostberliner Sender einen seiner Kommentare spricht, wird ihr auf der einen Seite ein neuer Baustein zugefügt, und jeden Abend, wenn RIAS sein ›Aus der Zone für die Zone‹ sendet, wächst sie auf der anderen Seite wieder um einige Zentimeter.«

Margret Boveri: Mauern, die wir selber bauen. In: Die Zeit Nr. 6. 9. Februar 1962. S. 8.

Die immaterielle und undurchdringliche Mauer, von der Margret Boveri spricht, hängt mit den von Psychologen und Soziologen vielfach untersuchten Merkmalen des Vorurteils, der Diskriminierungen, der sogenannten Sündenböcke zusammen. Neben Theodor W. Adorno und Peter Hofstätter ist dabei vor allem an den Amerikaner GORDON W. ALLPORT und seine Studie über das Vorurteil aus dem Jahr 1954 zu denken. Allport schreibt u. a.:

»Das (englische) Wort *prejudice* ist von dem lateinischen Substantiv *praejudicium* abgeleitet und hat seit der Antike wie die meisten Wörter einen Bedeutungswandel erfahren, der in drei Schritten vor sich ging.

1. Für die Alten bedeutete *praejudicium* das, was *vorausgeht* (praecedens), ein Urteil, das auf vorangegangenen Erfahrungen und Entscheidungen basiert.

2. Später nahm, im Englischen, das Wort die Bedeutung eines Urteils an, das vor genauer Prüfung und Berücksichtigung der Tatsachen gefällt wird – ein vorschnelles oder hastiges Urteil.

3. Schließlich gewann der Begriff noch die gegenwärtige gefühlsbetonte Bedeutung des Günstigen oder Ungünstigen dazu, die das vorschnelle und unbegründete Urteil begleitet.

Vielleicht lautet die kürzeste aller Definitionen des Vorurteils: *Von anderen ohne ausreichende Begründung schlecht denken*. Diese knappe Formulierung enthält die beiden wesentlichen Elemente aller einschlägigen Definitionen: den Hinweis auf die Unbegründetheit des Urteils und auf den Gefühlston. Er ist jedoch für völlige Klarheit zu kurz. [. . .]

[. . .] Ein witziger Kopf definierte Vorurteile als etwas heruntermachen, über das man nicht auf der Höhe ist«.

Aber die meisten der psychologischen Minderheiten aus Europa haben sich in der elastischen gesellschaftlichen Struktur Amerikas erfreulich gut zurechtgefunden. Gelegentlich wurden sie zu Sündenböcken, aber kaum auf die Dauer. Es mag vorkommen, daß in einer konservativen Gemeinde in

Maine die Yankees die dort lebenden Italiener oder die Französisch-Kanadier gesellschaftlich diskriminieren – aber ihre Überheblichkeit ist meist ohne Schärfe. Beweise tatsächlicher Aggression (echte Sündenbockjagd) findet man selten. Aber im Gegensatz dazu haben wir ein ernsthaftes Problem der Feindlichkeit gegen andere Minderheiten (Juden, Neger, Asiaten und Mexikaner), zu denen die herrschende Mehrheit sagt: ›Wir werden dich nie als einen von uns anerkennen.‹

So, wie es unmöglich genau zu entscheiden ist, wann eine Gruppe Sündenbock ist und wann nicht, so finden wir auch keine eindeutige Formel für die Auswahl der Sündenböcke. Wesentlich scheint zu sein, daß verschiedene Gruppen aus verschiedenen Gründen ausgewählt werden. Wir behandelten schon den Gegensatz in den Beschuldigungen zwischen Juden und Negern (12. Kapitel) und wir berichteten über eine Theorie, die behauptet, daß jeder dieser beiden Sündenböcke verschiedene *Arten* von Schuldgefühlen entlasten muß.

Etwas wie ›einen Sündenbock für alles‹ scheint es noch nicht zu geben, obgleich einige Gruppen dieser Möglichkeit näher zu sein scheinen als andere. Zur Zeit werden vielleicht die Juden und die Neger für die größtmöglichste Vielfalt von Übeln verantwortlich gemacht.«

Gordon W. Allport: Die Natur des Vorurteils.
Hrsg., und komm. von Carl Friedrich Graumann.
Köln: Kiepenheuer & Witsch, 1971. S. 20 f., 252.

IV. Reaktionen in West und Ost

1. Uraufführung in Zürich (1., 2. und 3. November 1961)

a) Reaktionen von Schweizer Rezensenten

ELISABETH BROCK-SULZER schreibt in der Zeitung »Die Tat«:

»*Andorra* ist ein großes Stück. Noch nicht durch und durch gestaltet. Es bleiben Brüche. Etwa in der Figur des Lehrers, der seine verschiedenen Phasen noch nicht zu immer organischer Schichtung durchgeformt zeigt und es dem Darsteller überbürdet, hier Einheit zu finden – was *Schroeder* mit seiner fahrigen, huschenden, zerbröckelnden Darstellung faszinierend tut. Oder etwa in der Gestalt des Mädchens, dem ein beinahe unspielbarer Umbruch zugemutet wird, eine bare Unmöglichkeit, namentlich wenn der Mann, dem es sich in der Verzweiflung ausliefert, so grauenvoll abstoßend gespielt wird, wie es *Kurt Beck* tut und tun muß. *Katrin Schmid* vermag diesen Umbruch nicht glaubhaft zu machen, ob es jemand anderer je kann, ist nicht vorauszusehen. Sie hat Jugend, Anmut, Reinheit in aller Reife zur Liebe, die dämonische Selbstaufgabe hat sie nicht. Die Welt der Halben legt sich in dem Stück in einer Reihe von Typen auseinander, Figuren, die immer wieder neu ansetzen im Strich, immer wieder in kurzem Einstieg zu erreichen sind. Ein schweres Stück Arbeit für Regie und Darsteller, es gelingt *Hirschfeld* und seinen Darstellern erstaunlich richtig. Gespenstisch der Doktor, wie ihn *Willy Birgel* zeichnet, ein falsch treuherziger Intellektueller, gespickt mit tapferen Phrasen in seinem teigigen Anpassertum. Hilflos gütig der Pater *Henniger*s, devot verlogen der Wirt *Kuhlmanns*, hart profitlich der Tischler *Peter Ehrlichs*, feig unterwürfig der Geselle *Mächtlingers*, unbestimmt in vielen Eigenschaften schillernd der Jemand *Gert Westphals*, eine Art geometrischer Ort aller noch fehlenden Stimmen in diesem Chor der Bürger. Außer ihren Reihen lebt der Idiot (*Schulte*), er schlüpft durch alle Maschen, außer ihm auch die stumme Figur des Judenschauers, eine grauenvolle Reminiszenz an allzu bekannte Erscheinungen (*Windhorst*). Am Rande stehen noch die zwei Mütter, *Angelika Arndts* spielt die wenig profilierte Gestalt der Pflegemutter mit klarer Sparsamkeit, *Heidemarie Hatheyer* die wirkliche Mutter des falschen Judenkindes. Señora wird sie benannt, es fehlt ihr nach Aussehen und Kleid alles Señorahafte, sie sollte fremder wirken, aber nicht disparat. Auch hier ist noch eine gewisse Unfertigkeit in dem Werk zu spüren. Sie hatte noch vor kurzem eine andere Erscheinung in dem Stück. Jetzt ist ihr Wichtigstes in kurzer Entwicklung aufgetragen, nämlich auch das Herkommen, die Bindung an die Eltern als eine Art gefährdenden Bildes zu verurteilen.

Bleibt Andri. Er beschreibt einen weiten Bogen. Er hat Entwicklung, hat Weite, hat Fülle. Er irrt von Bild zu Bild, läßt sich von ihnen einkerkern, verläßt sie wieder, flieht, um sich zu finden und schlägt zuletzt die Wahrheit aus, um ein falsches Bild wahr zu machen. Jung ist er, zum Glück geboren, zur Heiterkeit sachlichen Daseins, und steht zuletzt als der Menschheit ganzer Jammer da. Kraft hat er, aber auch die Kraft der Selbstbezweiflung. Münzen verwandelt er in Automatenmusik, wirft sie klingend in die Luft, bis die Musik zuletzt ohne ihn ertönt, auch sie ein Bild, das ihn aber nicht mehr zu tragen vermag, geschweige denn zu fesseln. Dieser Andri ist *Peter Brogle*. Er kommt der Rolle bestürzend nahe. Er hat dieses Ineinander von kindlicher Heiterkeit und uralter Leidensfähigkeit, von Zutraulichkeit und Scheu, von Angst und verzweifeltem Mut. Er erschüttert. Er steht in der Mitte dieses Werks, das eine Mitte hat, obwohl es an allen Enden die Uneigentlichkeit alles Menschlichen aufdeckt.

Es hat sich gelohnt, daß Frisch den Stoff vom andorranischen Juden so lange reifen ließ. Alle bloße Aktualität ist von ihm abgefallen, er hat sich einwurzeln können in eine umfassendere Bedeutung, ohne daß ihm darob die tödliche Schärfe stumpf geworden wäre. Das Thema des Antisemitismus ist bis zu jener Wurzel aufgegraben worden, wo es uns alle in einem unentrinnbaren Griff umklammert. Wo es dann wirklich heißen darf: ›Die Andorraner aber, sooft sie in den Spiegel blickten, sahen mit Entsetzen, daß sie selber Züge des Judas tragen, jeder von ihnen.‹ Spiegel – ist er das Bild, das die Dichter entwerfen *dürfen*, das Bild, das uns nicht einkerkert, uns nicht verfälscht? Aber zum Spiegel gehört das Auge. Daß Frisch sehen kann, das hat er hier wieder einmal bewiesen. Bezwingend bewiesen. Die Aufführung endete in langem, stürmischem, ergriffenem Beifall.«

ebs [d. i. Elisabeth Brock-Sulzer]: Max Frisch: Andorra. In: Die Tat. Nr. 303. 6. November 1961. S. 5.

In der »Weltwoche« äußert sich GODY SUTER:

»Es fällt schwer, über dieses Stück zu schreiben. Es ist leicht, über dieses Stück zu schreiben.

Es ist leicht – oder schien jedenfalls leicht, gleich nach der Premiere – seine Schönheiten einzusehen, seine Parallelen aufzuspüren und anzumerken, seinen Aufbau zu untersuchen und dabei etwa eine Dreigeteiltheit festzustellen, die die Teile ›Lehrer‹, ›Andorra‹ und ›Andri‹ enthält, drei Teile, die ineinander verzahnt oder verkrallt sind, einander gegenseitig bedingen und die doch als drei einzelne Tragödien vor dem Beschauer stehen; auch könnte man den einen und den anderen Fehler ankreiden, den man vermutet, eine Unterlassung oder eine Übertreibung oder eine Ungenauigkeit.

Man hat ja schließlich die ästhetischen Kategorien einigermaßen im Griff, man weiß auch ungefähr, wo die Tränendrüse sitzt und auf was sie beim letzten Mal reagierte, man hat auch sein literarisches Schanzwerkzeug zur Hand, um sich bei der ›moralischen Anstalt‹ oder an der nächsten Ecke einzugraben. Man ist ja als gewiegter Andorraner durchaus nicht schutzlos, durchaus nicht um Aus- oder Einreden verlegen.

Es fällt schwer, über dieses Stück zu schreiben: als Kritiker, als Theaterbesucher, als Andorraner. Wo der Kritiker einhaken möchte, stellt sich ihm der Theaterbesucher in den Weg, und wo der Theaterbesucher zustimmt, wird er von dem

zutiefst getroffenen Andorraner in die Rippen gestoßen. Und
doch sind es nicht eigentlich ›gemischte Gefühle‹, die das
Stück auslöst. Die Gefühle sind völlig klar und deutlich
unterscheidbar. Sie wollen sich nur nicht miteinander ver-
einen.
›Ha, so sind sie‹, ›Ha, so sind wir‹ – Triumph und Erniedri-
gung liegen hier so nahe und so perfid beieinander, daß man
dem Feind den Dolch in den Rücken stößt, und nur an dem
plötzlichen Schmerz merkt, wie und wie sehr man sich selber
getroffen hat. Ich kenne kein Stück, kann mich an kein Thea-
tererlebnis erinnern, das eine größere Wirkung auf mich aus-
geübt hätte, eine Wirkung in jedem Stockwerk meines Be-
wußtseins: Gefühl und Bildung, Erfahrung und Gewissen,
Snobismus und Sentimentalität sind gleichermaßen in Mitlei-
denschaft gezogen. Und stimmen zu und wehren sich zugleich.«

                    Gody Suter: »Andorra«. In: Die Weltwoche. Nr.
                    1461. 10. November 1961. S. 27.

WERNER WEBER schreibt in der »Neuen Zürcher Zeitung«:

»Der Stil des Stücks ist in jeder Gebärde gezeichnet von der
Beklemmung, von der Scheu des Dichters. Man wird sagen:
In diesem ›Andorra‹ ist kein Leben, da sind keine Leute ›von
Fleisch und Blut‹ (sagt man), da ist alles aus den natürlichen
Verhältnissen herausgelöst; Marionetten, aber keine Men-
schen; schematische Entwürfe, Gedanken, Gedanken . . .
Oder man kann sagen: Abstraktionen. Die Abstraktionen
sind eine Hilfe und ein Schutz aus der Kunst vor dem übermä-
ßigen Schrecken aus dem Leben. In diesem Stück gibt es keine
Furcht vor dem Künstlichen; das Künstliche wird gewagt bis
zu dem Grad, wo die Geduld reißen will. [. . .]
[. . .] Und plötzlich rücken im elektrischen Feld der Ungeduld alle Künstlichkeiten des Stücks zusammen unter diesem
Schicksalszeichen: In der Lüge ist kein Entsprechen; Wort
und Gegenwort laufen aneinander vorbei. Im Stück
›Andorra‹ wird unablässig entlarvt; aber in einem Dasein
ohne Entsprechen in der Lüge, in der Sprache ohne Überein-

kunft, bleibt jeder für sich, nur sendend, nicht empfangend.
So ist unsere Ungeduld im Stück eine Ungeduld gegen die
Lüge, welche uns das Stück vorzeigt. Dreimal kräht der Hahn
in dieser Geschichte – uraltes Zeichen für das versäumte Entsprechen. – Ich sagte Beispielkunst, näher dem Denken als
der Natur. Vor dem ›Andorra‹-Stoff ist das Denken eine
Form der Scheu. Der Titel selbst, ›Andorra‹, stammt aus der
Scheu; er gibt nichts preis. Er habe keinen bessern gefunden,
sagt Frisch; nein, einen bessern hat er sich verboten. [. . .]
Die Schaubühne als moralische Anstalt. Dies Korn ist ausge-
droschen, ich weiß. Religion und Gesetze im Bund mit der
Bühne – wo die Vorsehung ihre Rätsel auflöst, ihren Knoten
vor unsern Augen entwickelt, wörtlich: ›wo das menschliche Herz auf den Foltern der Leidenschaft seine leisesten
Regungen beichtet, alle Larven fallen, alle Schminke verfliegt
und die Wahrheit unbestechlich wie Rhadamanthus Gericht
hält . . .‹ Seit Georg Büchner gibt es die Folter, in welcher das
Herz nur noch seine Einsamkeit seufzt: ›Wir sind Dick-
häuter, wir strecken die Hände nacheinander aus, aber es ist
vergebliche Mühe, wir reiben nur das grobe Leder aneinander
ab – wir sind sehr einsam.‹ Zu Büchners Stamm gehört Max
Frisch mit ›Andorra‹. Wir sind sehr einsam; Sprechen ohne
Entsprechen. Bei Beckett heißt es ›Warten auf Godot‹. Und
hier? ›Andorra‹ bringt keine Lösung. Auch sein Held heißt
›Warten‹. Und die Sprache selbst wartet auf einer mittleren
Zone, wo Lachen und Schluchzen sich in der platten Rede
verbergen.«

Wb [d. i. Werner Weber]. Max Frisch: »Andorra«.
In: Neue Zürcher Zeitung. Nr. 4128, 4134. 4. November 1961. S. 1, 7.

b) Reaktionen in bundesdeutschen Zeitungen

JOACHIM KAISER äußert sich in der »Süddeutschen Zeitung«:

»Im artifiziellen Andorra begegnet uns, wenn man den Vor-
gang nicht bequem als ›allgemein menschlich‹ verstehen will,
ein Extrakt aus jenen beiden Mentalitäten oder Nationen,

denen von jeher Frischs fasziniertes Mißtrauen, seine selbst-
quälerische Anteilnahme, seine züchtigende Liebe galt: eine
Quintessenz aus Deutschem und Schweizerischem [. . .].
Frisch hat das Drama eines unheilbaren Vorurteils geschrieben. Er hat sich, und das bezeichnet zunächst die Grenze des
Stückes, dabei auf die Frage nach dem *Wie* beschränkt. Nicht
warum die Andorraner antisemitisch reagieren, wird erör-
tert, sondern auf welche Weise sie es tun. Das Drama fragt
sich nicht in Menschen hinein, sondern es stellt fest. Am
Anfang gleicht es beinahe einer dramatisierten Soziologie
gesellschaftlich vermittelter antisemitischer Verhaltenswei-
sen. [. . .]
Es gibt im Augenblick wohl keinen deutschsprachigen Dramatiker, der einem solchen Thema auch nur annähernd so
gewachsen wäre wie Max Frisch. Seine schon im ›Graf Öder-
land‹ bewährte Kraft, Fabeln zu ersinnen, von denen man
glauben möchte, sie seien bereits vorhanden, während sie
doch des Dichters Kunst entspringen, triumphiert auch hier.
Daß Frisch dennoch nicht das letzte Wort zu seinem Vorwurf
sagte, sondern die Allegorie anfangs in die Nähe der Simplizi-
tät rückte, zuviel mit expressiven Wiederholungen arbeitete,
bis sich endlich Andri frei machte, liegt offen zutage. Oder
sollte es auch heute noch unmöglich sein, die ›Antisemiten‹
zu durchschauen, ohne sie zugleich verbotenerweise zu
Objekten einer notwendig neutralisierenden Betrachtung zu
verharmlosen? Doch dies Stück wendet sich ja nicht nur an
den Verstand, sondern mehr noch ans Mitleid. Es schlägt von
der Allegorie in Dichtung um. Unverlierbar, unüberhörbar
der größte Satz, zugleich die Essenz des Werkes: ›Kein
Mensch, wenn er die Welt sieht, die sie ihm hinterlassen‹,
versteht seine Eltern.‹«

Joachim Kaiser: Die Andorraner sind unbelehrbar.
In: Süddeutsche Zeitung. 4./5. November 1961.
S. 14.

1. Uraufführung in Zürich 45

In der »Welt« schreibt FRIEDRICH LUFT:

»Frisch geht einem raffiniert gedrehten Paradefall der Diskriminierung nach. In Andorra (das Ländchen steht hier nur als Symbol) lebt einer, der anderer Herkunft ist als die Andorraner. Sie alle hier empfinden sich als Ausbünde der Toleranz, der Freiheitlichkeit, Demokratie und Großzügigkeit. Ihr Land ist ein Musterländle der Liberalität. Sie schlagen sich vor Wohlgefallen an der eigenen Gutartigkeit immer nur selber auf die Schultern.

Der unheimliche Außenseiter [. . .] darf nicht sein wie sie alle. Er lebt von vornherein nicht im Geburtsglück, ein Andorraner zu sein. Er ist, sagen sie, feige, er hat nicht die freie Sinnesart, die ihnen selbst eingeboren sei. Er denkt zuviel ans Geld. Das tun sie alle. Aber bei ihm ist es ein Herkunftsmerkmal und Makel, automatisch. Er hat das Gedrückte seiner unglückseligen Geburt. Er ist ein Außenseiter. Er ist unheimlich. Er wird zum Träger aller Untugenden, die man vorschnell in ihn projiziert. Ein Musterfall langsamer und abscheulicher Diskriminierung wird vorgespielt [. . .]

In einer Szene, die an die Nerven geht wie lange nichts, wird Andri, der junge Mann mit dem falschen Stigma unerlaubter Herkunft, den Feinden des Landes zum Fraße ihres Hasses hingeworfen. [. . .] Pardon gibt es keines. Der Mensch ist grundböse, ist es schade um ihn? Frisch scheint zu sagen: nein!

Wenn ein Publikum so logisch geprügelt wird, warum gerät es dann in eine solche Raserei der Zustimmung, wie nach diesen drei Premierenabenden geschah? Herrsche hier ein Massen-Masochismus? Oder wollten die Leute – anders herum – dartun, daß sie selbst von der Fürchterlichkeit solcher Abrechnung nicht betroffen wären? Beifall als fixe Sühne? Zustimmung als Rechtfertigung?

Der Grund dieses großen Erfolges ist wohl noch anders zu erklären. Frisch ist hier gelungen, einmal ohne alle Beschönigung ein Grundübel der Epoche aufzuklappen. Hier ist der Mechanismus tödlicher Vorurteile zu sehen. Hier ist sogar zu

erleben, wie einer langsam so wird, wenn ihn die anderen alle
nur so haben wollen. Hier ist, sozusagen, bühnenmathema-
tisch einmal die komplexe Rechnung augenfällig gestellt und
die entsetzliche Summe überzeugend gezogen.
Die Intelligenz, mit dem der Bühnenvorgang vonstatten geht,
ist so überzeugend. Frischs bestes Stück bisher. Es hat eine so
große Szenenbrauchbarkeit und eine so resolute Überre-
dungskraft, daß es reinigt, auch wo es an der Möglichkeit
einer Reinigung des Menschen selbst offensichtlich zwei-
felt.
Das macht es erhebend, ja fast erlösend, wenn es auch,
scheinbar, dauernd nur vernichtet. Und das bringt es in seiner
Wirkung in die Nähe der ›Anne Frank‹, tatsächlich.
Die Gestalten haben Realität und haben jede ihre deutlich
ablesbare Symbolerhöhung, Menschen und Menschentypen
zugleich. Sie geben Leben, und sie geben gleichzeitig den
Extrakt ihrer Lebenserscheinung. Das ist schwer. Hier ist das
in fast allen Fällen der Rechnungslegung eines allgemeinen
Irrtums gelungen.
Sogar Humor kommt auf. Es darf gelacht werden, wo das
Grausen wohnt. Frisch läßt eine schwebende Liebeshandlung
geschehen. Da zuweilen rutscht er ins Sentimentalische. Seine
Dialoge bekommen plötzlich etwas schweizerisch Jugendbe-
wegtes. Hier kann er besser hassen, verachten und seine Ver-
achtung belegen, als Zuneigung kenntlich machen. Was in
diesem Stück Liebe ist, wirkt seltsam abstrakt, so als gehöre
es in diese vernichtende Weltsicht nicht hinein.«

Friedrich Luft: »Blickt in eure Spiegel und ekelt
euch!« In: Die Welt. Nr. 259. 6. November 1961.
S. 7.

SIEGFRIED MELCHINGER führt in der »Stuttgarter Zeitung«
aus:

»Man kann über dieses Stück nicht schreiben wie über irgend-
eines. Es ist in deutscher Sprache das wichtigste seit Jahren.
Sein Thema ist der Antisemitismus. [. . .]
Auf der Bühne werden Wahrheitsbeweise durch die Glaub-

würdigkeit der Darstellung erbracht. Diese hat Frisch im zweiten Fall mit Meisterschaft verwirklicht. In keinem seiner bisherigen Stücke hat er so streng und konzentriert die Reflexion in objektive Anschaulichkeit übersetzt. Die Dialektik der fortschreitenden Selbstentfremdung Andris erinnerte niemals an ein Präparat aus der Anatomie der Abstraktion; sie gab so sehr das Leben selbst wieder, daß der junge Schauspieler Peter Brogle mit der Rolle des Andri zusammenwachsen konnte, als spielte er eine Möglichkeit seines Lebens, nein unseres Lebens, das Urbild des Opfers, eine Schlüsselfigur dieser und aller Zeiten. [. . .]

Daß der Jud gar kein Jud ist und daß der Mensch immer in Gefahr gerät, einen haben zu wollen, den er zum Jud machen kann – das ist die These des anderen Wahrheitsbeweises. An seiner Darstellung ist Frisch gescheitert (was noch nichts gegen die These selbst sagt). Wenn das Böse sich den Sündenbock sucht, ereignet sich der Augenblick, in dem das schuldhafte Verhalten von einzelnen in den Terror des Kollektivs umschlägt. Das ist die entsetzliche Erfahrung, die Frisch – sicher bewußt – aus seinem Modell ausgeklammert hat. In sein Andorra wird der Terror importiert. Aber die ›Judenschau‹ müßte nicht nur die Andorraner, sondern den (die) Judenschauer selbst entlarven. [. . .]

Hier hat das Modell einen Bruch, der *uns* betrifft. Frisch hat ihn durch die mühsam eingebauten Szenen der Senora (der Mutter Andris, die plötzlich auftaucht, und, weil sie eine ›Schwarze‹ ist, von den Andorranern erschlagen wird) nur schlecht verdeckt. Diese Gestalt ist unglaubwürdig: sie legt eine Mütterlichkeit an den Tag, die sie zwanzig Jahre vergessen hatte. Ähnlich brüchig ist auch die Gestalt der Barblin (von Kathrin Schmid gespielt), in der eine Widersprüchlichkeit angelegt sein müßte, die verstehen ließe, warum sie Andri liebt und doch mit dem Soldaten schläft. Hier, bei der Mütterlichkeit und der Liebe, zeigen sich die Grenzen der Sprache Frischs, die romantisch wirkt, wenn sie lyrisch wird, während sie doch in der konzentrierten Reproduktion des

Jargons unsrer Zeit über eine unheimliche Virtuosität verfügt.«

Siegfried Melchinger: Der Jude in Andorra. In: Stuttgarter Zeitung. 4. November 1961. [Nach dem Manuskript des Autors; der veröffentlichte Text war um einige Sätze verkürzt.]

2. Bundesrepublik Deutschland und Österreich

a) Bundesrepublik Deutschland

Kurz nach Zürich folgten die deutschen Erstaufführungen: am 20. Januar 1962 in Düsseldorf (Regie: Reinhart Spörri), Frankfurt (Regie: Harry Buckwitz), München (Regie: Hans Schweikart). Im März inszenierte Fritz Kortner das Stück in Berlin.

JOHANNES JACOBI vergleicht in der »Zeit« die deutschen Inszenierungen mit der Zürcher Aufführung:

»Bei der Uraufführung von ›Andorra‹ stand fest: dies ist für deutschsprachige Theater ›das Stück des Jahres‹.

Es wurde damals, im November 1961, aber auch schon die Möglichkeit angedeutet, in Deutschland könnte Max Frischs ›Modell‹ Variationen erfahren. Gemeint waren Variationen durch die Zuschauerresonanz und durch die Inszenierungen.

Überraschenderweise ergaben sich bei der ›deutschen Erstaufführung‹ keine besonderen Gesichtspunkte. Diese Erstaufführung hatte gleichzeitig in München, Düsseldorf und Frankfurt stattgefunden. Das wurden drei lokale Premieren, mehr oder weniger gut. Den Rang und die Schlüssigkeit der Zürcher Uraufführung erreichte keine.

Erst jetzt, durch die Berliner ›Andorra‹-Inszenierung, gibt es eine bemerkenswerte ›Variante‹.

Auch Flucht ist eine Reaktion. Sie äußerte sich in Berlin diskreter als in Düsseldorf, wo bei der Premiere einige Leute, als sie gingen, die Türen zuschlugen; anders auch als in Frankfurt am Main, wo nach der Premiere einzelne Buh-Rufe zu hören

waren. Aus dem prominenten Berliner Premierenpublikum stahlen sich die Ablehnenden in der Pause hinweg.
[. . .] In Zürich reagierten die einheimischen Zuschauer amüsiert, wo in den Reden des ›Doktors‹ der Schweizer Selbstgerechtigkeit ein Zerrspiegel vorgehalten wird. In München, wo *Hans Schweikarts* respektable Inszenierung in den Kammerspielen dem Zürcher Modell am nächsten gekommen war, empfand der anwesende Autor die Reaktion des Premierenpublikums als ›sehr gespalten‹. Max Frisch zeigte sich den Applaudierenden erst ganz am Schluß des Beifalls. Später erzählte er, ein Zuschauer habe ihm direkt gesagt: ›Eine typisch eidgenössische Überheblichkeit, so etwas aufzugreifen.‹«

Johannes Jacobi: Fünf deutsche Bühnen im Spiegel von Max Frischs »Andorra«. In: Die Zeit. Nr. 13. 30. März 1962. S. 47.

HENNING RISCHBIETER würdigt die Berliner Inszenierung in der Zeitschrift »Theater heute«:

»Was zu erwarten war, ist eingetreten: Fritz Kortner hat den Text des Stückes genauer und eigenwilliger gelesen, als das bisher geschah, und mit Hilfe von bedeutenden Schauspielern die längste und zugleich kurzweiligste Aufführung zustande gebracht. Sie ist realistischer und nuancierter als die bisherigen Inszenierungen, auch als die der Münchner Kammerspiele.
Die Aufführung zeigt, daß das Stück in fast jedem Satz so dichtgefügt ist, daß es den straffen, modellhaften Stil, der Frisch selbst vorschwebte, nicht unbedingt braucht. Man hört in Kortners Inszenierung genauer und aufmerksamer zu als anderswo. Beispielsweise ist der letzte Dialog zwischen Andri und dem Lehrer, in den anderen Aufführungen von der drohenden Exekution überschattet, hier ein letzter Höhepunkt des Gedankenkampfes, den Andri gegen seine Umwelt führt. Martin Held gibt den Lehrer als Studie über eine vom Alkohol zermürbte Ruine, als ohnmächtig fühlenden Schwächling. Eitelkeit ist der Grundzug, mit dem Fritz Till-

mann den Doktor versieht: so übertrieben, daß sie schon als
des Schauspielers eigene Eitelkeit erscheint.

Eigentlich kann man den Qualitäten der kortnerschen Inszenierung nur gerecht werden, wenn man viele seiner Regie-
Erfindungen beschreibt – hier stehe eine für alle: Andri, in der
letzten Szene vor Barblins Kammer auf der Schwelle sitzend,
drückt seine Hand mit gespreizten Fingern gegen den Schoß
der am Türrahmen Stehenden – weist, indem er sie verzwei-
felt von sich abhält, zugleich auf den Grund seiner Schmer-
zen: daß er ihre Jungfräulichkeit an den Soldaten verlor. Auf
so außerordentliche Weise ersetzt Kortner den heiklen Versuch Andris, die Halbschwester zu vergewaltigen. Daß Kortner nicht nur mehr als die anderen Inszenatoren erfand, sondern auch einige Male zuviel, nimmt man gern in Kauf: das
Stück hat eine neue, intensive szenische Erprobung glänzend
bestanden.«

Henning Rischbieter: Max Frisch »Andorra«. In:
Theater heute 3 (1962) H. 5. S. 45.

b) Österreich

Schon auf die Uraufführung in Zürich hatte die Wiener Presse
negativ reagiert. FRIEDRICH TORBERG äußert sich im
»Forum«:

»Mit seinem Anfang November in Zürich uraufgeführten
Schauspiel ›Andorra‹ hat der Schweizer Dramatiker Max
Frisch ein eminent wichtiges Stück geschrieben, eines der
wichtigsten, die seit 1945 in deutscher Sprache geschrieben
wurden. Es müßte, auch wenn es in seiner dramaturgischen
und gedanklichen Struktur noch um einiges wackeliger wäre,
als es das sowieso schon ist, auch wenn es zu noch vertrackte-
ren Mißdeutungen Anlaß gäbe, als es das sowieso schon tun
wird – es müßte auf allen deutschen Bühnen gespielt werden.
So wichtig ist es. [. . .]

Das versprach, in dramaturgischer wie in gedanklicher Hinsicht, wahrhaftig einen Blattschuß, und in dieser Konzeption
hätte er's auch werden können. So wie er jetzt auf die Bühne
kam, ist er's nicht geworden. [. . .]

Liegt's an der Oberfläche oder liegt es tiefer, daß alles, was an diesem Stück nicht stimmt, sich auf den Nenner der Austauschbarkeit bringen ließe? Angefangen von ›Andorra‹ bis zum zentralen Punkt und Problem, bis zum vermeintlichen Juden Andri, den Frisch ja gar nicht als Juden, sondern – ebenso wie Andorra – als ›Modell‹ verstanden wissen will? ›Heut oder morgen‹, so wird uns im Programmheft von autoritativer Seite versichert, ›kann der ‚Jud‘ Kommunist heißen, oder Kapitalist, oder Gelber, Weißer, Schwarzer, je nachdem‹.

Hier, wenn nicht alles trügt, wurzelt das fundamentale Mißverständnis des Stücks. Jude, Jude-Sein, Judentum mögen als Begriffe oder Tatbestände der Eindeutigkeit entraten. Man kann vielleicht nicht ganz genau sagen, was sie *sind*. Aber man kann ganz genau sagen, was sie *nicht* sind: sie sind keine Modelle, sie sind keine austauschbaren Objekte beliebiger (und ihrerseits austauschbarer) Vorurteile, wie ja auch der Antisemitismus kein beliebiges (und seinerseits austauschbares) Vorurteil ist. So billig geben's weder die Juden noch die Antisemiten. So einfach, so geheimnislos, so flach und physisch greifbar geht's da nicht zu. Es geht schon ein wenig darüber hinaus, ins Meta-Physische, sofern das im Zusammenhang mit Max Frisch gesagt werden darf. Am Ende – und man sollte diesen Gedanken nicht ganz von der Hand weisen, auch wenn man zum lieben Gott bestenfalls in einem Verhältnis wohlwollender Neutralität steht – am Ende hat das jüdische Problem sogar etwas mit Religion zu tun.«

Friedrich Torberg: Ein fruchtbares Mißverständnis.
In: Das Forum. 7 (1961) H. 96. S. 455 f.

Die österreichische Erstaufführung vom 29. März 1962 im Volkstheater Wien (Regie: Leon Epp) fand noch weniger Zustimmung. HANS WEIGEL schreibt in der »Illustrierten Kronen-Zeitung«:

»Ich habe keinen Einfluß auf die öffentliche Meinung in der Bundesrepublik. Aber mit soviel oder sowenig Einfluß, als mir in meiner österreichischen Heimat zu Gebote steht,

möchte ich hiermit zu ›Andorra‹ von Max Frisch Stellung nehmen und der Gefährlichkeit ›Andorras‹ entgegenwirken, indem ich sage:
Man darf und soll ›Andorra‹ kritisieren, wie jedes andere Stück. Man soll kein Tabu, keine Zone des Schweigens rund um ›Andorra‹ aufkommen lassen!
An der guten und redlichen Absicht des Autors sind keine Zweifel gestattet. Er hat sich dem großen Problem gewiß in bester Absicht und mit äußerster Gewissenhaftigkeit gestellt, er hat ›Andorra‹ nicht in billiger Spekulation auf den unwidersprochenen Erfolg hin geschrieben, sondern in leidenschaftlichem Bemühen um die Aussage, an der ihm viel liegt. Er hat es sich in keiner Hinsicht bewußt leicht gemacht. Trotzdem ist ›Andorra‹ nicht gut. [. . .]
Denn Max Frisch hat das angestrebte Gleichnis nicht verwirklicht. Sein Land Andorra ist nicht das wirkliche Andorra. Die Namen seiner handelnden Figuren sind keine wirklichen Namen. Der große Nachbarstaat des kleinen Andorra wird auch nicht beim Namen genannt, aber sein Symbol ist die schwarze Farbe. Also liegt die Assoziation ›Faschismus‹ – ›Nationalsozialismus‹ nahe. Das sind schon drei verschiedene Ebenen der Umsetzung: ein echter Name, erfundene Namen und eine symbolische Farbe. Mitten hinein in dieses mehr oder weniger deutliche Gleichnis aber ist klar und exakt und real das Wort ›Jud‹ gestellt. Wenn Andorra nicht Andorra ist, wenn Menschen ›Andri‹, ›Barblin‹, ›Fedri‹ heißen, wenn der Nachbarstaat jeder faschistische Staat von Mussolini über Hitler zu Peron sein könnte, müßte statt ›Jud‹ gleichfalls eine verallgemeinernde, gleichnishafte Chiffre stehen. [. . .]
Wer gegen Vorurteile und ihre grausigen Konsequenzen ist, braucht ›Andorra‹ nicht. Wer zu gewinnen, zu bessern, zu überzeugen wäre, wird mit ›Andorra‹ nichts anfangen können. [. . .]
Solches und anderes ist gegen ›Andorra‹ von Max Frisch vorzubringen. Es müßte freimütig vorgebracht und eingehend diskutiert werden. Doch dies wird wohl nicht der Fall sein.

Wer gegen den Antisemitismus ist, wird für ›Andorra‹ sein, weil ›Andorra‹ gegen den Antisemitismus ist. Wer jemals ›angestreift‹ ist, wird sich nicht trauen, gegen ›Andorra‹ zu sein. [...]
Die Volkstheater-Aufführung (Regie Leon Epp, Bühnenbild Rudolf Schneider-Manns-Au) bietet keine Handhaben und Ausreden, sie kann für nichts verantwortlich gemacht werden, denn sie wird dem Anlaß durchaus gerecht, wenn auch vielfach mit den Mitteln von Konvention und Klischee.«

Hans Weigel: Warnung vor »Andorra«. In: Illu-
strierte Kronen-Zeitung. 31. März 1962.

In der »Welt« schreibt ERIK G. WICKENBURG:

»Man hätte eigentlich gedacht, daß das Burgtheater die Sache bringen müsse, aber die Wiedergabe im Volkstheater war so ausgezeichnet, daß man sie kaum besser wünschen konnte. Daß der Eindruck etwas zwiespältig blieb, lag an dem Stück selbst, welches in Österreich vielleicht am wenigsten am Ort ist: die Assimilierung war hier, mindestens in Zeiten der alten Monarchie, so weit fortgeschritten, daß das von Frisch aufgestellte Exempel keine Gültigkeit hat. In einem Staat, wo es, wie in Österreich-Ungarn, jüdische Schuster gab und wo der Adel sich häufig genug jüdisch verheiratete, wo also dem Lehrmodell Frischs der Boden entzogen ist, kann ein Stück nicht recht wirken, in dem ein junger Mann irrtümlich für einen Juden gehalten wird und daran zugrunde geht. Man sieht daher die Fehler deutlicher, die ›Andorra‹ auch rein dramaturgisch hat: wie sich ein naturalistisch gezeichnetes Schicksal in einem anderen Umkreis, einer unabhängig davon eintretenden Katastrophe, erfüllt. Und wie die Kirche vom Autor verurteilt wird, mit nichtssagenden Worten zu einem Problem zu sprechen, zu dem sie hinreichend Deutliches und Tröstliches zu sagen hat.«

Erik G. Wickenburg: ›Andorra« hat es in Öster-
reich schwer. In: Die Welt. Nr. 89. 14. April 1962.
S. 19.

Georg Kreisler, der bekannte Chansonnier, Texter und Komponist, verfertigte dann eine für die Bühne gedachte, m. W. aber nie aufgeführte Parodie: »Sodom und Andorra« (1963). Vom Niveau des Ganzen gibt schon die Einleitung einen Eindruck:

»Der Name *Andorra*, der im Titel dieses Werkes erwähnt wird, hat nichts mit dem Kleinstaat desselben Namens zu tun. Er hat auch sonst mit nichts zu tun. Auch *Monte Carlo* ist lediglich ein Symbol, ebenso wie *Liechtenstein*. Nur *Sodom* ist, Augenzeugen zufolge, als real zu werten. [...] Die von den ›Negern‹ getragene Uniform ist schwarz. Ferner tragen diese Truppen schwarze Kopfbedeckungen mit Totenkopfabzeichen, lange schwarze Stiefel und Hakenkreuzarmbinden, doch soll jede Erinnerung an nationalsozialistische Uniformen vermieden werden.«

Ähnlich das »Vorspiel im Vordergrund«:

»DÜRRLI: Gruezi, Frischli.
FRISCHLI: Gruezi, Dürrli. Was machst denn du so die
             ganze Zeit?
DÜRRLI: Ich schreib ein Theaterstückli.
FRISCHLI: Worüber?
DÜRRLI: Über Chemiker.
FRISCHLI: Ja, bist denn du ein Chemiker?
DÜRRLI: Nein, da bin ich schon eher eine alte Dame.
             Was machst denn du so die ganze Zeit?
FRISCHLI: Ich schreib auch ein Theaterstückli.
DÜRRLI: Worüber?
FRISCHLI: Über die Juden.«

Georg Kreisler: Sodom und Andorra. Parodie.
Schaan (Liechtenstein): Estam, 1963. S. 5, 9.

Die Reaktion war Schweigen oder ein Verriß wie:

»Wir müssen selbst dann noch lachen [bei einer echten Parodie], wenn wir mit dem Vorhaben eigentlich gar nicht einverstanden sind. Unsere Einstellung muß etwa sein: Eine ungeheure Frechheit, aber sehr komisch!

Das Werk, das mir vorliegt, ist nun gar nicht komisch, es sei denn, daß es unfreiwillig komisch ist. Aber auch das nur an manchen Stellen. Meist ist es schlicht langweilig. Es ist ein Lehrstück dafür, wie man es nicht machen soll, die Parodie einer Parodie.«

Curt Riess. In: Die Zeit. 25. Januar 1963.

3. Frankreich und England

a) Frankreich

Die französische Erstaufführung fand im Februar 1965 unter der Regie von Gabriel Garran im Théâtre de la Commune in dem Pariser Vorort Aubervilliers statt. FRANTZ VOSSEN skizziert in der »Süddeutschen Zeitung« die kulturelle und politische Situation dieses Theaters in der düsteren Industrielandschaft mit der ausgesprochen proletarischen Bevölkerung und schildert das außergewöhnliche Interesse und den starken Beifall für das Stück; von der anschließenden Diskussion, zu der die meisten Zuschauer noch lange im Theater ausharrten, berichtet er:

»Dann gab es neuen Applaus. Er galt einem stämmigen, bebrillten Herrn, Mitte fünfzig, der in der ersten Saalreihe mit dem Rücken zur Rampe dem Publikum (auf französisch) erklärte, er spreche leider nicht französisch. Es war Max Frisch [. . .].
Dann durfte man ihn ausfragen, mit Hilfe eines Dolmetschers. [. . .] ›Was halten Sie von der Inszenierung von Aubervilliers im Vergleich zu anderen in anderen Ländern?‹ [. . .]
Frisch antwortet, unermüdlich. ›Gute Inszenierung, weil realistisch, und weil sie nichts in Stimmung untergehen läßt. In England inszeniert man das Stück ähnlich realistisch, in Deutschland mit einem Zug ins Mythische, in Italien läuft Andorra Gefahr, zur Oper zu werden. Die Judenschau ist in Aubervilliers ins Groteske getrieben, wie ich's noch nir-

gendwo gesehen habe . . . Interessant, vielleicht gefährlich,
aber ich bin nicht prinzipiell dagegen.‹ [. . .]
Und [Frisch] fragt schließlich, weil die Fragen aus dem Saal
eine halbe Stunde nach Mitternacht kein Ende nehmen wollen, zurück: ›Und Sie? Woran haben Sie als Zuschauer von
Andorra gedacht? An bestimmte Länder? An Ihr eigenes
Land? An Nationen oder andere Gemeinwesen? An eine
historische Realität oder an Realität schlechthin?‹
Ein junger Mann antwortet: ›An alles. An das Problem des
Rassismus von heute, an die Greuel von gestern. Aber nicht
nur an die großen Probleme, nicht nur an die historischen
Greuel, auch an harmlose Dinge. [. . .] An das alles dachte
ich, durcheinander, und ich fürchte, nach Ihrem Stück bleibt
es bei diesem Durcheinander in meinem Kopf. Denn Ihr
Stück erhebt keinen Anspruch auf universale Gültigkeit, da es
ausdrücklich auf das Judenthema beschränkt bleibt. Zugleich
ist es in der Behandlung dieses Themas zu wenig historisch,
zu wenig dokumentarisch, um nicht zwangsläufig allgemein
zu bleiben . . .‹«

Frantz Vossen: Monsieur Frisch, Ihr Andorra . . .
In: Süddeutsche Zeitung. Nr. 34. 9. Februar 1965.
S. 12.

b) England

In England wurde »Andorra« zum ersten Mal von Lindsay
Anderson am Londoner National Theatre inszeniert (Januar
1964). G. Bode schreibt in »Christ und Welt«:

»Die vollendete Natürlichkeit der Sprachführung, für die das
englische Theater berühmt ist, bewirkt eine gewisse Wendung des Nachdrucks – nicht zum Schaden des Werkes. Sie
holt ›Andorra‹ aus dem Gleichnis zurück in die Wirklichkeit.
Die Menschen kommen uns persönlich näher. Vielleicht ist
die dramatische Wirkung des deutschen ›Andorra‹ größer; im
englischen ist sie schärfer. [. . .]
Dieser Andri hier ist nicht um ein Jota ›anders‹. Er ist genau
der Lehrjunge, der vor ein paar Wochen bei uns war und das

Linoleum für die Küche zurichtete, bevor es der Meister legte; genau der Lehrjunge, der vorgestern einen schadhaften Leitungsdraht auswechselte, mit spitzen Schuhen, schmaler Krawatte mit Quermuster und kurzer Jacke. Er kennt sich in der Welt nicht recht aus, das geht sehr vielen Zwanzigjährigen so, und er weiß nicht, warum er sich nicht auskennt. [. . .] Beinahe jeder der Kritiker fand an Stück, Regie und Darstellung etwas anderes zu loben, etwas anderes zu tadeln. Insgesamt liegt ›Andorra‹ dem Engländer doch etwas ferne. Das Problem ist interessant, aber nicht brennend. Wir haben sogar ein Sprichwort dafür: ›*Give a dog a bad name and hang him.*‹«

G. Bode: »Andorra« in London. In: Christ und Welt. Nr. 7. 14. Februar 1964. S. 22.

HAROLD HOBSON nimmt in seiner Kritik für die »Sunday Times« auf das »Tagebuch der Anne Frank« Bezug, jenes Werk, das nach dem Krieg als Buch und in dramatisierter Form einen überragenden Erfolg hatte (am 11. Oktober 1963 war die Premiere am Schauspielhaus Zürich – für Frisch ein Gegenbeispiel?):

»Selbst im Hinblick auf das ästhetisch gefährliche Thema Antisemitismus bewahrt ›Andorra‹ eine klassische Ruhe, eine intellektuelle Differenziertheit, wodurch es beträchtlich höher steht als etwa das ›Tagebuch der Anne Frank‹, dessen vage Gefühlselemente es zur Sentimentalität verführten. Es ist das erste neue Stück, welches das Nationaltheater aufgeführt hat [. . .].
Dies ist ebenso ein Stück über die Macht des Glaubens [. . .]. Die Glocke der Dorfkirche läutet, und die Dorfbewohner treten – in einer sehr schön eingerichteten Szene – aus ihren Häusern, aus den schmalen Gäßchen, aus den zerfallenden Häusern, auf dem Weg zum Sonntagsgottesdienst. Dieser Friede, diese sonnige Frömmigkeit ist der eine Teil der Atmosphäre.«

Harold Hobson. In: The Sunday Times. 2. Februar 1964. [Übers. vom Hrsg.]

4. USA und Israel

a) USA

Das Fiasko, das »Andorra« in New York im Februar 1962
erlitt, war noch eindeutiger als die mehrheitliche Ablehnung
in Wien. SABINA LIETZMANN berichtete in der »Frankfurter
Allgemeinen Zeitung«:

»Das interessanteste und wichtigste Ereignis dieser Saison am
Broadway war die Niederlage von ›Andorra‹. Genau eine
Woche nach der offiziellen Premiere senkte sich der Vorhang
des Biltmore Theaters über dem in Europa so erfolgreichen
Drama von Max Frisch. Um die gleiche Zeit stellte ›Biedermann und die Brandstifter‹ nach nicht viel längerer Lebens-
dauer die Aufführungen ein. ›Ich habe einen Kontinent verloren‹, erklärte der Autor, der den Schlag gelassen hinnahm,
einem Mitarbeiter von ›Newsweek‹. Dieser aber fügte dem
Zitat von Frisch die eigene Bemerkung bei, daß auch das
amerikanische Theater etwas verloren habe. ›Der Minderheit
des Theaterpublikums, die von einem Stück verlangt, daß es
darin um etwas gehe, ist Frisch als ein Prophet erschienen, der
aller Ehren wert ist, selbst wenn seine Werke nicht dem hiesi-
gen Geschmack entsprechen.‹
Diese Einsicht des Nachrichtenmagazins ›Newsweek‹ indessen ist nur eine von zwei, drei Stimmen in der kritischen
Wüste. Von den fünfzehn ›Andorra‹-Besprechungen, die der
Referentin bisher vorliegen, haben nur fünf überhaupt begriffen, worum es in ›Andorra‹ geht: die Kritiker der Tageszei-
tungen ›New York World-Telegram‹, des ›Wall Street Jour-
nal‹ und des ›Christian Science Monitor‹, dazu das Wochen-
magazin ›Newsweek‹ und die Wochenzeitung ›Village
Voice‹, die Stimme der weltoffenen Bemühungen um künst-
lerische Äußerung, deren Szene ›Off-Broadway‹ ist. Nicht
mitgezählt in dieser Statistik ist der deutschsprachige ›Aufbau‹, dessen klugem Rezensenten, Manfred George, das
Stück vermutlich im Original bekannt war. Zum kritischen
Gesamtbild addieren muß man die Stimmen aus dem Publi-

kum, die das Stück plump, grob, taktlos (›warum denn immerzu das Wort ‚Jude‘ gebrauchen?‹), peinlich, billig nannten. Das alles summiert sich – in den Worten des ›Aufbau‹ – zu ›einer der schwersten Niederlagen, die nicht Frisch, sondern das amerikanische Theater und vor allem das New Yorker Publikum erlebt haben‹.«

Sabina Lietzmann: Warum Frischs »Andorra« in New York unterging. In: Frankfurter Allgemeine Zeitung. Nr. 48. 26. Februar 1963. S. 16.

ROLF LIEBERMANN versucht in der »Neuen Zürcher Zeitung« eine Erklärung für die Reaktion des amerikanischen Publikums:

»Ich glaube, daß ein Dialog, den ich nach der ›Andorra‹-Premiere zufällig hörte, den Mißerfolg Frischs zum Teil aufklären kann. Ein sympathisches und auch gescheit wirkendes amerikanisches Ehepaar stand hinter meiner Frau und mir und führte folgendes Gespräch:

Die Frau: ›I didn't like that play.‹

Der Mann: ›Haven't we seen a play by another Swiss author last year? I think it was called The Visit.‹ (Gemeint ist der Besuch der alten Dame von Dürrenmatt.)

Die Frau: ›Isn't it interesting – the sense of fear they have in that country?‹

Dieser ›Sense of fear‹, dieses Gefühl der Bedrohung und Angst fehlt den Amerikanern – schön für sie! – gänzlich. Die Voraussetzung, unter der aber ›Andorra‹ überhaupt erst auf die Zuschauer wirken kann, ist deren Verständnis für die Angst des in einem kleinen Land lebenden Menschen vor der Bedrohung durch eine Großmacht an seinen Grenzen. Fehlt dafür die Identifikationsmöglichkeit, verliert das Stück den Spannungsbogen, der es zusammenhält. In New York mangelte nicht nur dem Publikum, sondern auch dem Produzenten und dem Ensemble die Phantasie für diese Situation, was durchaus verständlich ist in einem Land von der Größe, Dynamik und Selbstsicherheit der Vereinigten Staaten. Mit

Ausnahme des großartigen Horst Buchholz als ›Andri‹ schienen die Darsteller dem Stück gegenüber weitgehend hilflos zu sein.«

Rolf Liebermann. »Andorra« in New York. In: Neue Zürcher Zeitung. 15. März 1963.

b) Israel

Im März 1962 wurde »Andorra« von Josef Millo am Stadttheater Haifa aufgeführt. In der Zeitung »Jedioth Hajom« vom März 1962 heißt es:

»So war es ein gewisses Wagnis, dieses Stück dem Israelpublikum vorzusetzen: denn, wie Josef Millo beim Mitternachtsempfang im Hotel Zion nach der Premiere sagte, bei uns sitzen ja im Zuschauerraum die Ankläger, nicht wie im Ausland – die Angeklagten. Daher mußten manche Sätze, die von der Bühne her direkt ins Publikum gesprochen werden, im letzten Moment vor der Premiere dem streichenden Blaustift zum Opfer fallen. Das ZHL-Publikum einer Vorpremieren-Vorstellung hatte nämlich einfach gelacht, wenn eine der vortretenden Bühnengestalten die Zuschauer fragte, warum sie sich in der Erinnerung (an ihre eigene Herzensträgheit von einst) den Schweiß von der Stirn wischen. Zweifellos werden bei uns mit diesem Stück offene Türen eingerannt. Es ist aber so stark, daß es über die Anklage hinaus auch auf ein Israelpublikum eine nachhaltige Wirkung üben kann. [. . .]
In Israel sind nur, wie gesagt, die Akzente verschoben, was für die nichtjüdische Welt erst bewiesen werden muß, ist uns längst klar. So ergeben sich einige Längen, die trotz der großen Dichte des Stücks bei weiteren Vorstellungen vermieden werden könnten. Einiges Groteske, das zum (unpassenden) Lachen reizt, wäre noch zu beseitigen. Unvermeidlich ist ein wesentliches Manko des Stückes: der versuchte Beweis, daß die Juden gar nicht ›anders‹ sind, sondern zum Anderssein gezwungen werden, kann in Israel naturgemäß nicht standhalten. Es gibt ja auch positiv Jüdisches. Wir wollen zwar ein Volk wie alle andren, aber wir selber und keine ›Andorraner‹

sein. Man kann noch so viel betonen, daß nicht *nur* die Juden gemeint sind, sondern jede Minorität: die Juden werden immer wieder genannt, der Zuschauer in Israel kann sich nicht durch ›Doppeldenken‹ darüber hinwegsetzen.«

> Zit. nach: Ernst Wendt / Walter Schmitz (Hrsg.): Materialien zu Max Frischs »Andorra«. Frankfurt a. M.: Suhrkamp, 1978. S. 253, 255. [Übers. von Barbara Seiftert.]

5. Ost- und Mitteleuropäische Staaten

a) DDR

Anläßlich der Erstaufführung von »Andorra« am Volkstheater Rostock im Januar 1963 schrieb RAINER KERNDL im »Neuen Deutschland«:

»Die das Unmenschliche nicht mehr wahrhaben wollen, werden hart aus ihrer satten Ruhe geschreckt. Die Frage: Seid ihr's nicht selbst? ist für Leute, die von einem Globke[1] verwaltet werden, mehr als unangenehm ... [...]
Hier wird die Atmosphäre westdeutscher Scheinprozesse furchtbar deutlich beschworen: ›Einmal muß man auch vergessen können!‹ ›Ich war Soldat und hatte meine Befehle!‹ usw.«

> Rainer Kerndl: »Sie hassen nur den, der sie daran erinnert!« In: Neues Deutschland. 1. Februar 1963.

Ähnlich äußert sich FRITZ RÖDEL in der »Berliner Zeitung«:

»Das Stück, vom Autor selbst als Modell bezeichnet, das nichts mit dem wirklichen Kleinstaat Andorra zu tun hat, führt vor, daß Chauvinismus und Rassenhaß unabhängig von Nationalität und Staatsform der modernen bürgerlichen Gesellschaft innewohnen.
Die Bezüge auf den Adenauer-Staat und seine ›unbewältigte‹ Vergangenheit sind jedoch nicht zu übersehen. So sagt der

---

1 Hans Globke, Staatssekretär unter Konrad Adenauer, wirkte bei der Rassengesetzgebung der Nationalsozialisten mit.

Lehrer im Stück über die ›Andorraner‹: ›Wer unter ihnen
der Mörder ist, sie untersuchen es nicht. Sie wollen's nicht
wissen . . .‹«

Fritz Rödel: . . . sie wollen's nicht wissen. In: Berliner Zeitung. 14. Februar 1963.

b) Tschechoslowakei

Im April 1964 wurde »Andorra« am Nationaltheater Prag
aufgeführt. V. Běhounek schreibt in der Zeitung »Práce«:

»Frisch geht es aber um mehr: um jene Stärke der Lüge,
welche zur Wahrheit wird, um jene Bürger von Andorra,
welche nicht für die Gewalt waren, die Gewalt aber duldeten.
Die sich nicht für die Wahrheit engagierten, aber die bequeme
Lüge und die feige Erfindung des Lehrers teilten. Sie legten
Scheiter dazu wie das Weiblein an Hus' Scheiterhaufen. Sie
suchten dann ein Alibi darin, daß sie nichts getan haben,
wirklich ›nichts‹. Sie verübten keine Gewalttat, aber durch
ihre Passivität unterstützten, ja vervielfachten sie sie, wie dies
die sogenannten ›anständigen Leute‹, d. h. eigentlich die
Bequemen und Feigen fertigbringen, . . . bloße Zuschauer
des Lebens mit dem geheimen Trost im Innern, daß das
Unglück einstweilen nur die andern, nicht sie, betroffen hat.
Einstweilen. Weil kein Lügendrache von einem einzigen ihm
vorgeworfenen Opfer satt wird.
Regisseur Jaromír Pleskot gab im Nationaltheater diesem
Stück dramatischer Spannung ein Begräbnistempo, eine
unerträgliche Last des Verharrens, womit er offenbar die
Spannung steigern wollte, aber nur das Gegenteil erreichte . . . Dabei setzen den Nerven und Augen des Zu-
schauers etwa 25 Reflektoren zu, die vom Vorhang in den
Zuschauerraum gerichtet sind. Offenbar wollte die Inszenierung in diesem blendenden Licht unter uns Zuschauern auch
solche andorranische Alibisten, aber es genügte doch,
symbolisch das einmal auszudrücken.«

V. Běhounek. In: Práce. 1. April 1964. Zit. nach:
Hans Bänziger: Frisch und Dürrenmatt. Bern/Mün-
chen: Francke, ⁷1976. S. 248 f.

c) Ungarn

Zur ungarischen Aufführung des Stücks am Thália-Theater in
Budapest schreibt ANDRÁS RAJK in der Zeitung »Népszava«:

»›Andorra‹ ist ein aus zwei Teilen bestehendes Schauspiel,
und die beiden Teile sind die Grundlage von zwei voneinander abhängigen und voneinander untrennbaren Gedanken.
Die kraftvolle These des ersten Teils: Wenn bewußte Nieder-
trächtigkeit die menschliche Gesellschaft durch ein böses,
tendenziöses, perfides Vorurteil vergiftet, dann breitet sich
dieses Gift wie Lava aus und füllt jede Lücke, auch wenn das
Vorurteil noch so falsch ist und aus einer geradezu grotesken
Lüge besteht – wie wenn man aus jemanden mit Schuhwichse
einen verachteten Neger machte oder so täte, als ob (in
›Andorra‹) der unglückliche Andri ein Jude sei.«

András Rajk. In: Népszava. 6. Oktober 1963.
[Übers. von Agnes Bárd, Budapest.]

d) Sowjetunion

Eine Aufführung von »Andorra« war 1966 geplant, wurde
aber (wegen des heiklen Themas Antisemitismus) von der
Zensur nicht durchgelassen; offenbar auch später nicht (vgl.
Bänziger, »Zwischen Protest und Traditionsbewußtsein«,
S. 85 f., sowie Arnold S. 38). Der sowjetische Literaturwis-
senschaftler JURIJ ARCHIPOV schreibt im Nachwort zu einer
in Moskau erschienenen Auswahl von Stücken Frischs:

»Einige Kritiker (H. Weigel, H. Bänziger) äußerten die
Ansicht, daß das Stück, was den allgemeinen Haß gegen
Andri betrifft, ›den Bogen etwas überspanne‹ und daß seine
Repliken lediglich eine Einlullung der Antisemiten bewirken
dürften und ›Andorra‹ so Wasser auf die Mühlen derer, gegen
die es gerichtet sei, gießen werde. Von anderer Seite warf man
Frisch eine zu allgemeine, abstrakte Behandlung des Pro-
blems vor. So [...] sein jüngerer Landsmann und Kollege
Walter Matthias Diggelmann im Vorwort zu seinem erbar-

mungslos entlarvenden Roman-Pamphlet ›Die Hinterlassen-
schaft‹ [. . .].

Frischs ›Andorra‹ ist allerdings nicht frei von künstlerischen
Mängeln – auf diese wies im besonderen auch eine solche
Autorität wie Erwin Piscator hin. Doch wäre es kaum gerecht, dem Dramatiker sein bewußtes Bestreben, die Schärfe
des Problems durch eine Übertragung in eine allgemein-
philosophische Ebene zu vertuschen, vorzuwerfen. Nur
stellt sich das Modell von Frisch auch diesmal umfassendere Aufgaben, die über den Rahmen einer Entlarvung des
Antisemitismus hinausgehen. Für Frisch geht es um die Ras-
senintoleranz überhaupt und auch – das sind andere Seiten
des Problems – um den psychologischen Komplex des Vorurteils im allgemeinen und die Einrichtung der westlichen Zivi-
lisation, installiert auf den Menschen als eine auf seine besondere Art funktionierende Konstruktion mit genauer und
zuverlässiger Charakteristik seiner taktisch-technischen
Daten, an die er sich streng halten muß, wenn er nicht will,
daß seine Umgebung sich gegen ihn erhebt.

Frisch gibt eine allgemeine Struktur der Beziehungen, die sich
aus der vorgefaßten Meinung, dem Vorurteil, ergeben, eine
Funktion, die verschiedene Variablen haben kann. An Stelle
des Juden könnte durchaus ein Neger stehen, zum Beispiel.«

> Jurij Archipov: [Nachwort.] In: Maks Friš: P'esy.
> Moskau: Iskusstvo, 1970. S. 563 f. [Übers. von
> Claudia Clavadetscher, Schaffhausen.]

6. Ferner Osten und Zentralamerika

Der Hinweis auf aus mitteleuropäischer Perspektive recht
abgelegene Gebiete möge die Verschiedenartigkeit des Ver-
stehenwollens noch einmal belegen. In Tokio wurde
»Andorra« 1968 vom Bungakuza Atelier aufgeführt. T. Asoo
schreibt dazu in der Zeitschrift »Teatoro« (Tokio):

»Eine gewisse Realität beherrscht uns [die Japaner], in Form
einer allgemeinen Idee der Gesellschaft oder der geformten

Götter. In dieser Gesellschaft existieren gleichzeitig die fluchbeladenen manipulierten Menschen. Das Stück spielt im Phantasieland Andorra, wo das Leben dadurch erleichtert und honoriert wird, daß die Menschen jüdische Kinder haben. Der junge Mann Andri fiel diesen Umständen zum Opfer: er wurde gezwungen, als Jude zu leben. Er ist das Opfer einer gewissen Realität, ein Mensch, der manipuliert wird. Durch die Verfolgung der Juden stellt uns ›Andorra‹ die Frage, wer der eigentliche Attentäter und wer das eigentliche Opfer sei. Das Thema ist heutzutage sehr aktuell, sei es als Rassenproblem oder Negerproblem.«

T. Asoo. In: Teatoro. August 1968. [Übers. von Nagako Okada-Hoffmann, Zürich.]

In Costa Rica erarbeitete das Teatro al Aire Libre in der Hauptstadt San José 1974 eine Inszenierung des Stücks. In der Zeitung »La Nación« heißt es:

»In ›Andorra‹ – versichert der Regisseur – wird die jetzige Situation der Menschheit analysiert, speziell die Vorurteile der Menschen. Frisch schafft ein abstraktes Modell der Gesellschaft, indem er die zwischenmenschlichen Beziehungen mit Hilfe des Theaters untersucht. Sie [die Gesellschaft] ist bis zu einem gewissen Punkt ein Bildnis der Schweiz, seines Vaterlandes, mit Elementen, die auch in Zentralamerika vorhanden sind.[2]«

In: La Nación. 19. Februar 1974. [Übers. vom Hrsg.]

---

[2] Der relativ friedfertige, allerdings fast unbewaffnete Staat Costa Rica wird vielfach als die Schweiz Zentralamerikas bezeichnet.

V. Texte zur Diskussion

1. Sartres Begriff des ›Anderen‹ und des Rassismus

Der Philosoph und Schriftsteller JEAN-PAUL SARTRE spielte für Frisch, wie in den Werkstattgesprächen und im ersten und zweiten Tagebuch bezeugt wird, seit langem eine recht wichtige Rolle. In seinem Buch »Das Sein und das Nichts« (»L'Etre et le néant«, 1943) hat Sartre über den »Blick des Anderen« Wesentliches gesagt:

»[Es] ist auch eine konkrete und alltägliche Beziehung, die ich alle Augenblicke erfahre: jeden Augenblick *sieht* der Andere *mich an*: es fällt uns also nicht schwer, eine mit Beispielen belegte Beschreibung dieser Grundverbindung zu versuchen, die die Basis jeder Theorie des Anderen bilden muß; wenn der Andere grundsätzlich der ist, *der mich ansieht*, müssen wir den Sinn dieses Blickes des Anderen explizit machen können. [. . .]
Wenn wir von der ersten Enthüllung des Anderen als *Blick* ausgehen, müssen wir zugeben, daß wir unser unfaßliches Für-Andere-Sein in Gestalt einer *Besessenheit* erfahren. Ich bin vom Anderen besessen; der Blick des Anderen formt meinen Leib in seiner Nacktheit, läßt ihn entstehen, modelliert ihn, bringt ihn hervor, wie er *ist*, sieht ihn, wie ich ihn nie sehen werde. Der Andere besitzt ein Geheimnis: das Geheimnis dessen, was ich bin. [. . .]
Indessen setzt die Existenz des Anderen meiner Freiheit eine faktische Grenze. Denn durch das Auftauchen des Anderen werden tatsächlich gewisse Bestimmungsstücke sichtbar, die ich *bin*, ohne sie gewählt zu haben. Nun bin ich tatsächlich Jude oder Arier, schön oder häßlich, einarmig usw. Alles das bin ich *für Andere* und habe keine Hoffnung, jemals diesen Sinn zu erfassen, den ich *draußen* habe, erst recht nicht, ihn jemals zu verändern. [. . .]
Nur indem ich die *Freiheit* der Antisemiten (welchen Gebrauch sie von ihr auch machen mögen) anerkenne und

indem ich dieses *Jude-Sein* auf mich nehme, das ich für sie
bin, nur so wird das *Jude-Sein* als objektive äußere Grenze
der Situation sichtbar; wenn es mir dagegen so paßt, die Antisemiten als bloße *Gegenstände* zu betrachten, verschwindet
mein Jude-Sein sofort und macht dem einfachen Bewußtsein
Platz, freie, nicht zu qualifizierende Transzendenz (zu) sein.
Die Anderen anerkennen und, wenn ich Jude bin, mein Jude-
Sein auf mich nehmen, ist eins.«

> Jean-Paul Sartre: Das Sein und das Nichts. Versuch
> einer phänomenologischen Ontologie. Bearb.,
> hrsg. und übers. von Justus Streller. Hamburg: Ro-
> wohlt, 1962. S. 348, 467, 661, 664.

Von Bedeutung ist in diesem Zusammenhang auch SARTRES
Einakter »Bei geschlossenen Türen« (»Huis clos«, 1944), des-
sen deutsche Erstaufführung 1949 in Hamburg stattfand. (In
Zürich waren 1948 »Die schmutzigen Hände«, 1951 »Der
Teufel und der liebe Gott«, 1952 »Im Räderwerk« zu sehen).
In diesem Drama wurde der schon in »Das Sein und das
Nichts« vorkommende Gedanke, die Mitmenschen bedeute-
ten für den Einzelnen eine tödliche Bedrohung, für die Bühne
dargestellt. Die Bemerkung Garcins am Schluß wurde zum
oft zitierten Stichwort des Existenzialismus:

»All diese Blicke, die mich verzehren . . . *Sich mit einem Ruck
umdrehend*. Ha! Ihr seid nur zu zweit? Ich meinte, ihr seid
viel zahlreicher. *Auflachend*. Also, dies ist die Hölle. Niemals hätte ich geglaubt . . . Ihr entsinnt euch: Schwefel,
Scheiterhaufen, Bratrost . . . Ach, ein Witz! Kein Rost erfor-
derlich, die Hölle, das sind die andern.«

> Jean-Paul Sartre: Dramen II. Übers. von Henry
> Kahn [u. a.]. Reinbek bei Hamburg: Rowohlt,
> 1965. S. 42.

Sartres »Betrachtungen zur Judenfrage« (»Portrait de l'anti-
sémite«, 1945) hat Frisch erst nach der Veröffentlichung seiner Geschichte vom andorranischen Juden, aber vor der Konzeption von »Andorra« kennengelernt (vgl. Frühwald/
Schmitz, 1978, S. 37). Die wichtigste These SARTRES war

hier, der Antisemit mache den Juden zum Juden. Er führte
u. a. aus:

»Die Worte: ›Ich hasse die Juden‹ spricht man am besten im
Chor; wenn man sie ausspricht, so klammert man sich an eine
Tradition und an eine Gemeinde. An die große Gemeinde der
Mittelmäßigen. [. . .]
Und da die Antisemiten zahlreich sind, trägt jeder von ihnen
dazu bei, inmitten des geordneten Staates eine Gemeinschaft
blinder Solidarität zu bilden. Der Grad der Zugehörigkeit
jedes Antisemiten zu dieser Gemeinschaft, sowie der Grad
seiner Angleichung werden durch den Wärmegrad dieser
Gemeinschaft, wenn ich so sagen darf, bestimmt. [. . .]
Nun ist das Porträt vollendet. Wenn viele Leute, die mit
Vorliebe erklären, daß sie die Juden hassen, sich nicht wieder-
erkennen, so kommt das daher, weil sie tatsächlich die Juden
nicht hassen. Sie lieben sie auch nicht, sie würden ihnen kein
Haar krümmen; sie würden aber auch keinen Finger rühren,
sie zu retten.
Sie sind keine Antisemiten, sie sind nichts und ›niemand‹, und
weil man doch irgend etwas scheinen muß, so machen sie sich
zum Echo, zum Sprachrohr. Sie gehen herum, ohne Böses zu
denken, ohne überhaupt zu denken, und verbreiten ein paar
eingelernte Phrasen, die ihnen den Zutritt zu gewissen Salons
öffnen. [. . .]
Nun können wir den Antisemiten verstehen. Er ist ein
Mensch, der Angst hat. Nicht vor den Juden, vor sich selbst,
vor seiner Willensfreiheit, seinen Instinkten, seiner Verant-
wortung, vor der Einsamkeit und vor jedweder Veränderung,
vor der Welt und den Menschen, vor allem – außer vor den
Juden. Er ist ein uneingestandener Feigling, ein Mörder, der
seine Mordsucht verdrängt und kennt, ohne sie zügeln zu
können, und der es doch nur wagt, bildlich oder im Anony-
mat der großen Masse zu töten, ein Unzufriedener, der aus
Angst vor den Folgen seiner Auflehnung es nicht wagt, sich
aufzulehnen. [. . .]
[. . .] Der Jude war nicht frei, Jude zu sein oder nicht. Den

stärksten Geistern unter ihnen war die Geste des Hasses noch lieber als die des Wohlwollens, weil der Haß eine Leidenschaft ist und unbewußter erscheint, während das Wohlwollen von oben herab geübt wird. Das alles war uns so klar, daß wir zum Schluß die Augen abwandten, wenn wir einem Juden mit dem Stern begegneten. [. . .]

[. . .] Man kennt jene Psychopathen, die von der Zwangsvorstellung gepeinigt werden, zu töten, sich zum Fenster hinauszustürzen oder anstößige Worte auszusprechen. In gewissem Maß, und wenn auch ihre Beklemmungen selten ein pathologisches Maß erreichen, kann man manche Juden mit ihnen vergleichen. Sie haben sich von einer bestimmten Vorstellung, die die anderen von ihnen haben, vergiften lassen und zittern nun davor, daß ihre Handlungen dieser Vorstellung entsprechen könnten.«

Jean-Paul Sartre: Betrachtungen zur Judenfrage. Psychoanalyse des Antisemitismus. Zürich: Europaverlag, 1948. S. 19, 25, 44 f., 46 f., 69, 85.

Im literarischen Bereich ist außerdem an zwei Werke von Albert Camus zu denken: an die Erzählung »Der Fremde« (»L'Etranger«, 1942) und den Roman »Die Pest« (»La Peste«, 1949; vgl. S. 71), ferner an die in der Themenstellung mit »Der Fremde« und »Andorra« vergleichbare Studie Colin Wilsons »Der Outsider. Eine Diagnose des Menschen unserer Zeit« (»The Outsider«, 1956).

2. Zur Überwindbarkeit von Vorurteilen

a) Lessings »Nathan«

In diesem »dramatischen Gedicht« von 1789 wird gezeigt, wie nötig die Überwindung der religiösen Voreingenommenheit ist; Nathan ist dazu fähig, die meisten andern Figuren des Stücks lernen wenigstens von ihm. Die Kreuzzüge bilden natürlich einen ganz anderen Hintergrund als die modellartige »Gegenwärtigkeit« bzw. Ungeschichtlichkeit Andorras, und auch die Bühnenfiguren der beiden Werke sind sehr verschieden. Immerhin haben Andri wie Recha, beides Adoptivkinder, die man für Juden hält, dramaturgisch eine ähnliche Funktion. Wolfgang Frühwald und Walter Schmitz meinen, die innige Schlußszene, in der sich Recha und der Tempelherr unter Umarmungen als Geschwister erkennen, könnte Frisch zu der Frage provoziert haben, ob nach den Erfahrungen der Geschichte nicht auch eine ganz andere Reaktion der Liebenden erwartbar sei (vgl. Frühwald/Schmitz, S. 45). Schwarzweißdenken zeigt sich auch im »Nathan«, weil man Äußerliches wie Namen zu wichtig nimmt. Sittah sagt (II,1) zu ihrem Bruder: »Du kennst die Christen nicht, willst sie nicht kennen. / Ihr Stolz ist: Christen sein, nicht Menschen«, und fährt dann fort, die Verwechslung von Wesen (»Tugend«) und Bezeichnung (»Namen«) bei den Anhängern Christi anprangernd: »Seine Tugend nicht, sein Name / Soll überall verbreitet werden, soll / Die Namen aller guten Menschen schänden, / Verschlingen. Um den Namen, um den Namen / Ist ihnen nur zu tun.«

b) Albert Camus, »Die Pest«

In dem 1947 erschienenen Roman findet sich eine ähnliche Situation der Heimsuchung wie in »Andorra«. Auch hier wird die Gefährdung von außen schlimmer, weil die Betroffenen von einem Bazillus in übertragenem Sinn infiziert wurden. Doch CAMUS – bzw. sein Erzähler, der Arzt – behauptet die Überwindbarkeit des Bösen.

»Das ist eine Ansicht, die der Erzähler nicht teilt. Das Böse in der Welt rührt fast immer von der Unwissenheit her, und der gute Wille kann so viel Schaden anrichten wie die Bosheit, wenn er nicht aufgeklärt ist. Die Menschen sind eher gut als böse, und in Wahrheit dreht es sich gar nicht um diese Frage. Aber sie sind mehr oder weniger unwissend, und das nennt man dann Tugend oder Laster. Das trostloseste Laster ist die Unwissenheit, welche alles zu wissen glaubt und sich deshalb

das Recht anmaßt, zu töten. Die Seele des Mörders ist blind,
und es gibt keine wahre Güte noch Liebe ohne die größtmög-
liche Hellsichtigkeit.«

Albert Camus: Die Pest. Übers. von Guido C. Meister. In: A. C.: Das Frühwerk. Düsseldorf: Rauch,
1967. S. 227.

3. Kellers und Brechts Meinung von ›guten Bildern‹

Gegenüber Frischs Auffassung von der Verderblichkeit des
Bildnismachens finden wir in der Literatur andererseits Bei-
spiele einer Auffassung, die in den Bildern auch etwas Positi-
ves sieht; so etwa bei GOTTFRIED KELLER, dessen Erzählung
»Das Fähnlein der sieben Aufrechten«, genau hundert Jahre
vor »Andorra« erschienen, das pure Gegenstück zu Frischs
Drama darstellt, indem es die vielversprechenden Integra-
tionsmöglichkeiten eines Außenseiters in einer Gemeinschaft
voller Vorurteile zeigt. Bertold Auerbach, der Betreuer jenes
Volkskalenders, wo das »Fähnlein« zuerst erschien, erhielt
von Keller in einem Brief vom 25. Juni 1860 eine Erklärung,
wozu schöne Bildwerke dienen könnten:

»Wir haben in der Schweiz allerdings manche gute Anlagen
und, was den öffentlichen Charakter betrifft, offenbar jetzt
ein ehrliches Bestreben, es zu einer anständigen und erfreuli-
chen Lebensform zu bringen, und das Volk zeigt sich pla-
stisch und froh gesinnt und gestimmt; aber noch ist lange
nicht alles Gold, was glänzt; dagegen halte ich es für Pflicht
eines Poeten, nicht nur das Vergangene zu verklären, sondern
das Gegenwärtige, die Keime der Zukunft so weit zu verstär-
ken und zu verschönern, daß die Leute noch glauben können,
ja, so seien sie und so gehe es zu! Tut man dies mit einiger
wohlwollenden Ironie, die dem Zeuge das falsche Pathos
nimmt, so glaube ich, daß das Volk das, was es sich gutmütig
einbildet zu sein und der innerlichen Anlage nach auch schon
ist, zuletzt in der Tat und auch äußerlich wird. Kurz, man

muß, wie man schwangeren Frauen etwa schöne Bildwerke
vorhält, dem allezeit trächtigen Nationalgrundstock stets
etwas Besseres zeigen, als er schon ist [. . .].«

Gottfried Keller: Gesammelte Briefe. In vier Bänden. Hrsg. von Carl Helbling. Bd. 3,2. Bern: Ben-
teli, 1953. S. 195.

Auch BERTOLT BRECHT ist von der Veränderbarkeit durch
richtige Vorbilder überzeugt. Sein Essay »Über das Anferti-
gen von Bildnissen« in den »Notizen zur Philosophie
1929–1941« klingt allerdings streckenweise skeptischer: er
warnt vor Illusionen, glaubt aber doch daran, daß Bildnisse
produktiv werden können:

»Der Mensch macht sich von den Dingen, mit denen er in
Berührung kommt und auskommen muß, Bilder, kleine
Modelle, die ihm verraten, wie sie funktionieren. Solche Bildnisse macht er sich auch von Menschen: Aus ihrem Verhalten
in gewissen Situationen, das er beobachtet hat, schließt er auf
bestimmtes Verhalten in anderen, zukünftigen Situationen.
Der Wunsch, dieses Verhalten vorausbestimmen zu können,
bestimmt ihn gerade zu dem Entwerfen solcher Bildnisse.
Den fertigen Bildnissen gehören also auch solche Verhaltensarten des Mitmenschen an, die nur vorgestellte, erschlossene
(nicht beobachtete), vermutliche Verhaltensarten sind. Dies
führt oft zu falschen Bildern und auf Grund dieser falschen
Bilder zu falschem eigenen Verhalten, um so mehr, als sich
alles nicht ganz bewußt abspielt. Es entstehen Illusionen, die
Mitmenschen enttäuschen; zugleich werden Bildnisse undeutlich;
zusammen mit den nur vorgestellten Verhaltensarten werden
auch die wirklich wahrgenommenen undeutlich und un-
glaubhaft; ihre Behandlung wird unverhältnismäßig schwie-
rig. Ist es also falsch, aus den wahrgenommenen Verhaltungs-
arten auf vermutliche zu schließen? Kommt nur alles darauf
an, richtiges Schließen zu lernen? Es kommt viel darauf an,
richtiges Schließen zu lernen, aber dies genügt nicht. Es
genügt nicht, weil die Menschen nicht ebenso fertig sind wie
die Bildnisse, die man von ihnen macht und die man also auch

besser nie ganz fertigmachen sollte. Außerdem muß man aber auch sorgen, daß die Bildnisse nicht nur den Mitmenschen, sondern auch die Mitmenschen den Bildnissen gleichen. Nicht nur das Bildnis eines Menschen muß geändert werden, wenn der Mensch sich ändert, sondern auch der Mensch kann geändert werden, wenn man ihm ein gutes Bildnis vorhält. Wenn man den Menschen liebt, kann man aus seinen beobachteten Verhaltensarten und der Kenntnis seiner Lage solche Verhaltensarten für ihn ableiten, die für ihn gut sind. Man kann dies ebenso wie er selber. Aus den vermutlichen Verhaltensarten werden so wünschbare. Zu der Lage, die sein Verhalten bestimmt, zählt sich plötzlich der Beobachter selber. Der Beobachter muß also dem Beobachteten ein gutes Bildnis schenken, das er von ihm gemacht hat. Er kann Verhaltensarten einfügen, die der andere selber gar nicht fände, diese zugeschobenen Verhaltensarten bleiben aber keine Illusionen des Beobachters; sie werden zu Wirklichkeiten: Das Bildnis ist produktiv geworden, es kann den Abgebildeten verändern, es enthält (ausführbare) Vorschläge. Solch ein Bildnis machen heißt lieben.«

Bertolt Brecht: Gesammelte Werke in 20 Bänden. werkausgabe edition suhrkamp. Hrsg. vom Suhrkamp-Verlag in Zsarb. mit Elisabeth Hauptmann. Bd. 20. Frankfurt a. M.: Suhrkamp, 1967. S. 168 bis 170.

4. Die Schweiz im Spiegel (1939) und Frischs Negation des Bildnismachens

Wenige Monate vor Kriegsausbruch schreibt FRISCH in einer Skizze »Was das eigentliche Wunder ist« über die im Mai 1939 eröffnete Schweizerische Landesausstellung in der »Neuen Zürcher Zeitung« (21. Mai 1939). Es sei fast ein Wunder, heißt es dort, daß ein Volk sich im Spiegel sehen dürfe. Hätten er und seinesgleichen früher gern die Nase gerümpft über solche patriotische Selbstdarstellung, so wage er das jetzt nicht mehr. Manch einer könnte sich immerhin

seines früheren Spottes über die »olympischen Willisauerringli«[1] erinnern.

In diesem kurzen Hymnus auf die Landesausstellung ist
zunächst die Rede von seiner und seiner Freunde früheren
Skepsis und dem nachträglich schlechten Gewissen; man
hätte eigentlich die Nörgler an den Pranger stellen sollen.
Darauf folgen überschwengliche, enthusiastische Bemerkun-
gen über verschiedene Ausstellungsorte, den originellen
»Schifflibach«, Impressionen von Begegnungen mit Kamera-
den aus der letzten Militärdienstzeit, mit Bauern, begeister-
ten Miteidgenossen. Man hört Italienisch, Französisch und
die verschiedenartigsten Mundarten des deutschsprachigen
Landesteils. Und solch ungeteilte Freude in der Schweiz, wo
Nörgeln doch sonst an der Tagesordnung ist! An sich empfin-
det jedermann laut Frisch im allgemeinen ein selbstverständli-
ches Bedürfnis, an höhere Werte zu glauben – und Gelegen-
heiten dafür zu suchen. Die Ausstellung hat die Gelegenheit
geboten. Damit ist nun wirklich ein kleines Wunder geschehen.

Wenn ein ganzes Volk in den Spiegel zu schauen vermag,
macht es sich ein Bildnis von sich. Das wird hier begrüßt.
FRISCHS späterer Versuch, die Gefahr dieses Vorgangs zu
zeigen, bezieht sich jedoch ganz auf den individuellen
Bereich, meint Vorurteil, nicht kollektive Selbstdarstellung.
Die These hängt mit den bitteren Erfahrungen des Kalten
Krieges zusammen, und gewisse Wendungen der Glosse »Du
sollst dir kein Bildnis machen« (1946) treffen wir im Haupt-
werk bis Ende der sechziger Jahre an, wobei sich diese
moderne Version des Zürcher Puritanismus, dessen religiöse
Tradition immer von einer starken Ablehnung aller Bildwerke geprägt war, sehr von Gottfried Kellers Bilderfreund-
lichkeit unterscheidet (vgl. auch Bänziger, »Zwischen Protest
und Traditionsbewußtsein«, S. 17 f.):

1 Das Emblem der Landesausstellung, die »olympischen Willisauerringli«,
taucht, nimmt man's nicht zu genau, später als andorranisches Wappen wieder
auf: ein Schlänglein, »das mit giftendem Rachen nach seinem eigenen Schwanze
schnappt« (GW II, S. 352; vgl. im vorliegenden Band S. 23).

»Es ist bemerkenswert, daß wir gerade von dem Menschen, den wir lieben, am mindesten aussagen können, wie er sei. Wir lieben ihn einfach. Eben darin besteht ja die Liebe, das Wunderbare an der Liebe, daß sie uns in der Schwebe des Lebendigen hält, in der Bereitschaft, einem Menschen zu folgen in allen seinen möglichen Entfaltungen. Wir wissen, daß jeder Mensch, wenn man ihn liebt, sich wie verwandelt fühlt, wie entfaltet, und daß auch dem Liebenden sich alles entfaltet, das Nächste, das lange Bekannte. Vieles sieht er wie zum ersten Male. Die Liebe befreit es aus jeglichem Bildnis. Das ist das Erregende, das Abenteuerliche, das eigentlich Spannende, daß wir mit den Menschen, die wir lieben, nicht fertig werden: weil wir sie lieben; solang wir sie lieben. Man höre bloß die Dichter, wenn sie lieben; sie tappen nach Vergleichen, als wären sie betrunken, sie greifen nach allen Dingen im All, nach Blumen und Tieren, nach Wolken, nach Sternen und Meeren. Warum? So wie das All, wie Gottes unerschöpfliche Geräumigkeit, schrankenlos, alles Möglichen voll, aller Geheimnisse voll, unfaßbar ist der Mensch, den man liebt – Nur die Liebe erträgt ihn so.
Warum reisen wir?
Auch dies, damit wir Menschen begegnen, die nicht meinen, daß sie uns kennen ein für allemal; damit wir noch einmal erfahren, was uns in diesem Leben möglich sei –
Es ist ohnehin schon wenig genug.
Unsere Meinung, daß wir das andere kennen, ist das Ende der Liebe, jedesmal, aber Ursache und Wirkung liegen vielleicht anders, als wir anzunehmen versucht sind – nicht weil wir das andere kennen, geht unsere Liebe zu Ende, sondern umgekehrt: weil unsere Liebe zu Ende geht, weil ihre Kraft sich erschöpft hat, darum ist der Mensch fertig für uns. Er muß es sein. Wir können nicht mehr! Wir künden ihm die Bereitschaft, auf weitere Verwandlungen einzugehen. Wir verweigern ihm den Anspruch alles Lebendigen, das unfaßbar bleibt, und zugleich sind wir verwundert und enttäuscht, daß unser Verhältnis nicht mehr lebendig sei.
›Du bist nicht‹, sagt der Enttäuschte oder die Enttäuschte: ›wofür ich dich gehalten habe.‹

Und wofür hat man sich denn gehalten?
Für ein Geheimnis, das der Mensch ja immerhin ist, ein erregendes Rätsel, das auszuhalten wir müde geworden sind.
Man macht sich ein Bildnis. Das ist das Lieblose, der Verrat.«

GW II. S. 369 f.

5. Pharisäer, Sündenböcke und Rassenvorurteile

a) Sündenböcke bei Keller und Dürrenmatt

Die Sündenbock-Projektionen, für die der Fall Andri ein
Musterbeispiel ist, könnten bis zur Beschuldigung Adams
durch Eva (und vice versa) zurückverfolgt werden; sie haben
in modernen literarischen Darstellungen (der Pauschalanklagen) die mannigfachsten Variationen gezeigt. Der Typus des
Sündenbocks (vgl. Anm. zu *Sündenbock*, S. 18) kann auch an
zwei anderen schweizerischen Dichtungen beobachtet werden: an Gottfried Kellers Novelle »Kleider machen Leute«
(1874) und an Friedrich Dürrenmatts tragischer Komödie
»Der Besuch der alten Dame« (1956). Frischs Vorbild GOTT
FRIED KELLER hat den Typus des Außenseiters in harmloserer
Umgebung dargestellt, als es Frisch möglich ist, z. B. als
schwermütig-interessanten Fremdling unter Seldwylern. In
der Novelle »Kleider machen Leute« wird der polnische
Schneider Strapinski zwar als Betrüger entlarvt, gleichwohl
aber entsteht der Eindruck, daß dieser Ausländer, dieser ganz
und gar Andere, der Sündenbock der spießigen Einheimischen ist, deren Vorurteile ein falsches Bild entstehen ließen,
für das sie mindestens so verantwortlich sind wie Strapinski
selbst:

»Wenn ein Fürst Land und Leute nimmt; wenn ein Priester
die Lehre seiner Kirche ohne Überzeugung verkündet, aber
die Güter seiner Pfründe mit Würde verzehrt; wenn ein dünkelvoller Lehrer die Ehren und Vorteile eines hohen Lehramtes inne hat und genießt, ohne von der Höhe seiner Wissenschaft den mindesten Begriff zu haben und derselben auch
nur den kleinsten Vorschub zu leisten; wenn ein Künstler

ohne Tugend, mit leichtfertigem Tun und leerer Gaukelei sich in Mode bringt und Brot und Ruhm der wahren Arbeit vorwegstiehlt; oder wenn ein Schwindler, der einen großen Kaufmannsnamen geerbt oder erschlichen hat, durch seine Torheiten und Gewissenlosigkeiten Tausende um ihre Ersparnisse und Notpfennige bringt, so weinen alle diese nicht über sich, sondern erfreuen sich ihres Wohlseins und bleiben nicht einen Abend ohne aufheiternde Gesellschaft und gute Freunde.

Unser Schneider aber weinte bitterlich über sich . . .«

Gottfried Keller: Sämtliche Werke. Bd. 8. Erlenbach bei Zürich / München: Rentsch, 1927. S. 48.

In FRIEDRICH DÜRRENMATTS »Besuch der alten Dame« wehrt sich Alfred Ill dagegen, als Sündenbock den vorgeblich gerechten Mitbürgern ausgeliefert zu werden. Die Bürger möchten eine Gerichtsverhandlung vermeiden. Im dritten Akt wird dem Angeklagten vom Bürgermeister der Selbstmord nahegelegt, und Ill hält ihm entgegen:

»Bürgermeister! Ich bin durch eine Hölle gegangen. Ich sah, wie ihr Schulden machtet, spürte bei jedem Anzeichen des Wohlstands den Tod näher kriechen. Hättet ihr mir diese Angst erspart, dieses grauenhafte Fürchten, wäre alles anders gekommen, könnten wir anders reden, würde ich das Gewehr nehmen. Euch zuliebe. Aber nun schloß ich mich ein, besiegte meine Furcht. Allein. Es war schwer, nun ist es getan. Ein Zurück gibt es nicht. Ihr m ü ß t nun meine Richter sein. Ich unterwerfe mich eurem Urteil, wie es nun auch ausfalle. Für mich ist es die Gerechtigkeit, was es für euch ist, weiß ich nicht. Gott gebe, daß ihr vor eurem Urteil besteht. Ihr könnt mich töten, ich klage nicht, protestiere nicht, wehre mich nicht, aber euer Handeln kann ich euch nicht abnehmen.«

Friedrich Dürrenmatt: Der Besuch der alten Dame. Eine tragische Komödie. Neufassung 1980. In: F. D.: Werkausgabe in 30 Bdn. Red. Thomas Bodmer. Bd. 5. Zürich: Arche Verlag, 1980. S. 108 f.

b) Eine religiöse Perspektive

FRANÇOIS MAURIAC, der katholische Romancier und Essayist, sieht die Rolle des Sündenbocks im Zusammenhang mit dem Phänomen der Erbsünde. In der Studie »Souffrances et bonheur du chrétien« (1929) schreibt er über den Sündenfall und über die Gnade, die proportional zu der Gefahr stehe, die uns bedrohe. Dann:

»Was nützt es, sich als tapfer gegenüber Gott aufzuspielen? Es ist der, der immer recht hat; wir können nichts als unrecht haben.

Das ist wahr. Aber mit welchem Recht schreiben wir ihm diese gleichförmige Strenge zu? Jede einzelne Sache wird in seinem Gericht gesondert behandelt werden. Ihr kennt nicht alle Entlastungszeugen. Millionen von Vorfahren werden vor den Schranken der Ewigkeit bezeugen kommen, daß sie uns Vorurteile übermittelt haben, die sie selber von ihren Vätern ererbt hatten [...].

Eine nicht allzu absurde Hypothese: Gott macht aus der Rasse den Sündenbock für all die individuellen Sünden; er verurteilt die Rasse, um das Individuum zu retten.«

François Mauriac: Œuvres complètes. Bd. 7. Paris:
Fayard, 1951. S. 240. [Übers. vom Hrsg.]

c) Verschiedene Formen des Hasses

FRISCH steht dem Glauben Mauriacs fern. Er interessiert sich mehr für soziologisch faßbare Unterschiede. Auf die Frage des Interviewers Alfred A. Häsler, wie er den Unterschied zwischen Rassenhaß, Völkerhaß, Fremdenhaß und Klassenhaß bezeichnen würde, antwortet er:

»Die Gretchenfrage. – Der Unterschied zwischen Rassenhaß, Völkerhaß, Fremdenhaß, Glaubenshaß auf der einen Seite und Klassenhaß scheint mir darin zu bestehen, daß der Klassenhaß jedenfalls ein Bewußtsein voraussetzt, jenes Klassenbewußtsein, das, wir wissen es, mühsam genug herzustellen gewesen ist und sich bei allgemeinerem Wohlstand (wie er unter dem Zarismus nicht da war) wieder verflüchtigt. Der Rassenhaß hingegen basiert auf einer unreflektierten Malaise. Es bedarf keiner Aufklärung, um ihn zu mobilisieren, im Gegenteil, und wenn Rassenhaß, Fremdenhaß, Völkerhaß, Glaubenshaß von einem Machthaber mobilisiert werden, so immer um ein anderes Ziel, das wirkliche Ziel des Machthabers nämlich, zu tarnen. Der Klassenhaß nennt sein Ziel. Das ist ein wesentlicher Unterschied. Völkerhaß argumentiert nicht, er ist kultisch-axiomatisch, insofern dem privaten Haß näher und dadurch ein Sammelbecken für jedes Ressentiment, daher unstillbar. Kein Endsieg hebt ihn auf. Der Klassenhaß verliert sich notwendigerweise mit der Erreichung seines Ziels: Abschaffung der Kinderarbeit, gleiches Recht für alle, Verstaatlichung der Produktionsmittel usw., er ist temporär. Das heißt nicht, daß dann das Paradies kommt; es kommt wieder der Nationalismus.«

Alfred A. Häsler: Leben mit dem Haß. 21 Gespräche. Reinbek bei Hamburg: Rowohlt, 1969. S. 40 f.

6. Aktualität oder unverbindliche Zeitlosigkeit?

Der Entscheid über die ästhetische und moralische Relevanz von »Andorra« hängt zum großen Teil von der Bewertung der Parabelform ab. Ihr stand Frisch später selbst mißtrauisch gegenüber (vgl. Frisch, »Dramaturgisches. Ein Briefwechsel mit Walter Höllerer«, S. 18, und Arnold, S. 38).
Gegen eine sich distanzierende Haltung, die wegen der relativ abstrakten Form des Stückes glaubt, sich nicht persönlich angesprochen fühlen zu müssen, wehrte sich z. B. RUDOLF WALTER LEONHARDT schon frühzeitig:

»Es geschah am Ende vergangener Woche, daß ein Schauspiel zum ersten Male gleichzeitig über drei große deutsche Bühnen ging (in München, in Frankfurt und in Düsseldorf), welches uns Deutsche des Jahres 1962 mehr angeht als irgend etwas, was bisher auf deutschen Bühnen zu sehen war – neben, vielleicht, der ›Zeit der Schuldlosen‹ von Siegfried Lenz.

Wer sich Zeitungen vom darauffolgenden Montag angesehen hat, konnte nur schwer den Eindruck gewinnen, daß der 20. Januar 1962 in die deutsche Theatergeschichte eingehen wird. Es war schlimm. Und dort, wo es sich am umfassendsten, tiefstbohrenden, ›akademischsten‹ gab, war es am schlimmsten. [. . .]

Max Frisch versichert in einer einleitenden Bemerkung zu seinem Stück ›Andorra‹, von dem hier die Rede ist, es sei nicht das wirkliche Andorra gemeint. [. . .]

Das historische Modell für ›Andorra‹ ist Deutschland. [. . .] Kurz: Wir haben den Eindruck, daß es sich die Kritik bisher ein bißchen zu leicht gemacht hat, wenn sie aus einem so hart treffenden Stück nicht mehr herauslesen konnte als: es ist gut, sich ›kein Bildnis‹ zu machen, keine Vorurteile zu haben. Der Autor ist an dieser verharmlosenden Interpretation nicht schuldlos. Wenn er sagte: Andorra ist Deutschland, wie ich es erlebt habe, wie ich es sehe – dann müßte man ihm dankbar sein, dann könnte man endlich einmal wieder ernsthaft und, das heißt konkret, darüber reden.«

Leo [d. i. Rudolf Walter Leonhardt]: Wo liegt Andorra? In: Die Zeit. Nr. 4. 26. Januar 1962. S. 9.

Aus der Schweiz erfolgte daraufhin die folgende Reaktion:

»Die These, Andorra bedeute bei Frisch Deutschland, klingt hier in der Schweiz ganz absurd. Wir haben immer zu wissen gemeint, daß Andorra zweifellos die Schweiz ist, die Schweiz, so wie sie sich Max Frisch im Falle einer Nazi-Besetzung vorstellt, wobei ›die Schwarzen‹ eben die Nazis sind. Zwar betonte Frisch, Andorra sei weder Andorra noch ein anderer Kleinstaat ›den ich kenne‹, doch hat ihm das hierzulande niemand abgenommen. Aus der Tagebuch-Stelle über den andorranischen Juden geht mit einiger Gewißheit hervor, daß Frisch jedenfalls ursprünglich an die Eidgenossen gedacht haben muß.«

Manfred Kuhn: Andorra – überall. In: Die Zeit. Nr. 8. 23. Februar 1962. S. 14.

Einige Literaturhistoriker verglichen »Andorra« mit dem aufkommenden Dokumentartheater. MANFRED DURZAK sah u. a. Nachteile im Modellartigen:

»Das Geheimnis des Erfolges von *Andorra* in Deutschland bestünde also darin, daß Frischs Stück auf diese damals allgemein verbreitete Haltung traf, daß man sich deshalb so emphatisch mit *Andorra* identifizierte, weil es jenen Akt der Gewissensbereinigung in modellhafter Allgemeinheit vorführte, vor dessen juristischen Details sich viele individuell zu fürchten hatten [. . .].
Diese Hinweise auf die modellhafte Distanz in *Andorra* erweitern sich in der Tat zu einem schwerwiegenden Einwand gegen das Stück, der zwar nirgendwo die lautere Absicht des Autors Frisch in Frage stellt, aber dennoch das Stück selbst in der Gestalt, in der der Autor es faktisch belassen hat. Es läßt sich auch nicht verkennen, daß die Faktizität des Grauens, die mit dem geschichtlichen Phänomen Antisemitismus und Judenausrottung im Dritten Reich verbunden ist, in Hochhuths *Stellvertreter* und Peter Weiss' Auschwitz-Oratorium inzwischen ästhetisch schockierender zum Ausdruck gelangte als im *Andorra*-Drama Frischs. [. . .] Aber wie es auch immer um den Vorwurf der ästhetischen Unverbindlichkeit von Frischs Stück steht, es gilt einen solchen Vorwurf an der Analyse des Stückes selbst zu überprüfen.«

Manfred Durzak: Dürrenmatt, Frisch, Weiss.
Deutsches Drama der Gegenwart zwischen Kritik
und Utopie. Stuttgart: Reclam, 1972. S. 221.

Der Philosoph MICHAEL THEUNISSEN wählt als Motto zum ersten Teil seines Buches »Der Andere. Studien zur Sozialontologie der Gegenwart« ein Zitat aus dem neunten Bild von »Andorra« (»Seit ich höre, hat man mir gesagt, ich sei anders . . . Ich bewege mich so und so. Ich kann nicht anders«). Der erste Abschnitt der Einleitung stellt das Thema der Studie in den Bereich der »Ersten Philosophie«, d. h. eines als grundverschieden von Spezialwissenschaften verstandenen Seins-Denkens:

»Zweifellos gibt es nur wenige Realitäten, die das philosophische Denken unseres Jahrhunderts so stark in ihren Bann
gezogen haben wie ›der Andere‹. Kaum ein zweites Thema,
mag es auch sachlich bedeutsamer sein, hat ein so allgemeines
Interesse gefunden wie dieses. Kaum ein zweites hebt die –
freilich aus dem 19. Jahrhundert lebende und in es zurückrei-
chende – Gegenwart schärfer von der Tradition ab. Zwar
haben auch frühere Zeiten über den Anderen nachgedacht
und ihm in Ethik und Anthropologie, in Rechts- und Staats-
philosophie einen – zuweilen hervorragenden – Platz einge-
räumt, aber wohl nie ist der Andere so tief wie heute in die
Grundlagen des philosophischen Denkens eingedrungen. Er
ist nicht mehr bloß Gegenstand einer einzelnen Disziplin,
sondern weithin schon Thema der Ersten Philosophie. Die
Frage nach dem Anderen ist unabtrennbar von den anfäng-
lichsten Fragen des modernen Denkens.
In seiner Allgemeinheit umfaßt der Titel ›Der Andere‹ alle
Begriffe, mit denen die Philosophie der Gegenwart den Mitmenschen bzw. dessen transzendentale Urform auslegt. Er
übergreift also auch die Differenz zwischen dem ›Du‹ auf der
einen und dem ›Fremdich‹, dem ›alter ego‹ oder dem ›Mitda-
sein‹ auf der anderen Seite. In diesen Begriffen liegt bereits
eine Entscheidung über das, was der Andere ursprünglich
ist.«

Michael Theunissen: Der Andere. Studien zur Sozialontologie der Gegenwart. Berlin: de Gruyter,
1965. S. 1.

VI. Literaturhinweise

1. »Andorra«

a) Ausgaben

Andorra. Stück in zwölf Bildern. Frankfurt a. M.: Suhrkamp, 1961. [Erstausgabe.]

Andorra. In: M. F.: Stücke II. Frankfurt a. M.: Suhrkamp, 1962. S. 199–309.

Andorra. In: Spectaculum V. Sechs moderne Theaterstücke. Frankfurt a. M.: Suhrkamp, 1963. S. 69–147.

Andorra. In: M. F.: Gesammelte Werke in zeitlicher Folge. Hrsg. von Hans Mayer unter Mitw. von Walter Schmitz. Bd. 4. Frankfurt a. M.: Suhrkamp, 1976. [Zit. als: GW.]

b) Sonstiges zum »Andorra«-Komplex

Andorra. Schallplattenaufnahme nach der Uraufführung des Schauspielhauses Zürich. 2 Langspielplatten. Deutsche Grammophon Gesellschaft. (Literarisches Archiv.)

Anmerkungen [zu »Andorra«]. In: Programmhefte des Schauspielhauses Zürich 1961/62. H. 7. November 1961.

Notizen von den Proben. In: Neue Zürcher Zeitung. Nr. 936. 11. März 1962. – GW IV. S. 562–571.

Die andere Welt. In: Atlantis 17 (1945) S. 2–4.

Du sollst dir kein Bildnis machen. In: Schweizer Annalen 3 (1946/47) S. 11–16. – Überarb. Fass. in: GW II. S. 369–371.

Forderungen des Tages. Porträts, Skizzen, Reden 1943–1982. Hrsg. von Walter Schmitz. Frankfurt a. M.: Suhrkamp, 1983.

Rede zum Tode von Kurt Hirschfeld. In: Theater heute 5 (1964) H. 12. – GW V. S. 355–359.

Teo Otto. In: Teo Otto. Skizzen eines Bühnenbildners. 33 Zeichnungen. St. Gallen: Tschudi, 1964. – GW V. S. 335–338.

Über Marionetten. In: Neue Zürcher Zeitung. Nr. 289. 17. Februar 1945. – Überarb. Fass. in: GW II. S. 477–480.

Was das eigentliche Wunder ist . . . In: Neue Zürcher Zeitung. Nr. 910. 21. Mai 1939.

2. Interviews, Briefwechsel

Arnold, Heinz Ludwig: Gespräch mit Max Frisch. In: H. L. A.: Gespräche mit Schriftstellern. München 1975. S. 9–73.

Bienek, Horst: Max Frisch. In: H. B.: Werkstattgespräche mit Schriftstellern. München 1962. S. 21–32.

Häsler, Alfred A.: Wir müssen unsere Welt anders einrichten. Gespräch mit

Max Frisch. In: Die Tat. 9. Dez. 1967. – Auch in: A. A. H.: Leben mit dem Haß. 21 Gespräche. Reinbek bei Hamburg 1969.
Frisch, Max: Dramaturgisches. Ein Briefwechsel mit Walter Höllerer. Berlin 1969.
Riess, Curt: Mitschuldige sind überall. Eine Unterhaltung mit Max Frisch über sein neues Stück. In: Die Zeit. 3. November 1961.
Suter, Gody: Max Frisch: »Ich habe Glück gehabt.« Von »Nun singen sie wieder« zu »Andorra«. In: Die Weltwoche. 3. November 1961.

3. Bibliographien

Veröffentlichungen von Max Frisch. In: Max Frisch: Gesammelte Werke in zeitlicher Folge. Hrsg. von Hans Mayer unter Mitw. von Walter Schmitz. Frankfurt a. M. 1976. S. 797–816.
Schmitz, Walter: Bibliographie. In: W. S. (Hrsg.): Über Max Frisch II. Frankfurt a. M. 1976. (edition suhrkamp. 653.) S. 453–534.
Knapp, Mona: Kommentierte Arbeitsbibliographie zu Max Frisch. In: Gerhard P. Knapp (Hrsg.): Max Frisch: Aspekte des Prosawerks. Bern 1978. S. 309–352.
Petersen, Jürgen H.: [Bibliographie.] In: J. H. P.: Max Frisch. Stuttgart 1978. (Sammlung Metzler. 173.) S. 196–212.
Probst, Gerhard F.: [Bibliographie.] In: G. F. P. [u. a.] (Hrsg.): Perspectives on Max Frisch. Lexington 1982. S. 177–223.
Stephan, Alexander: Werkverzeichnis / Sekundärliteratur. In: Kritisches Lexikon der deutschsprachigen Gegenwartsliteratur (KLG). Hrsg. von Heinz Ludwig Arnold. München 1978 ff. Lfg. 11. Mai 1982. S. A–U.

4. Werke über Max Frisch

Bänziger, Hans: Frisch und Dürrenmatt. Bern/München [7]1976.
– Zwischen Protest und Traditionsbewußtsein. Arbeiten zum Werk und zur gesellschaftlichen Stellung Max Frischs. Bern/München 1975.
Beckermann, Thomas (Hrsg.): Über Max Frisch. Frankfurt a. M. [6]1976.
Durzak, Manfred: Dürrenmatt, Frisch, Weiss. Deutsches Drama der Gegenwart zwischen Kritik und Utopie. Stuttgart [2]1973.
Elm, Theo: Schreiben im Zitat. Max Frischs Poetik des Vorurteils. In: Zeitschrift für deutsche Philologie 103 (1984) H. 2. S. 225–243.
Hage, Volker: Max Frisch in Selbstzeugnissen und Bilddokumenten. Reinbek bei Hamburg. 1983. (rowohlts monographien. 321.)
Hentig, Hartmut von: »Wahrheitsarbeit« und Friede: Rede auf Max Frisch zur Verleihung des Friedenspreises des Deutschen Buchhandels. In: H. v. H. / Max Frisch: Zwei Reden zum Friedenspreis des Deutschen Buchhandels 1976. Frankfurt a. M. 1976.
Jurgensen, Manfred: Max Frisch: Die Dramen. Bern [2]1976.
Jurgensen, Manfred (Hrsg.): Frisch. Kritik – Thesen – Analysen. Beiträge zum 65. Geburtstag. Bern/München 1976.

Karasek, Hellmuth: Max Frisch. Velber [5]1974.

Knapp, Gerhard P. (Hrsg.): Max Frisch. Aspekte des Bühnenwerks. Bern 1979.

Lengborn, Thorbjörn: Schriftsteller und Gesellschaft in der Schweiz. Eine Studie zur Behandlung der Gesellschaftsproblematik bei Zollinger, Frisch und Dürrenmatt. Frankfurt a. M. 1972.

Lüthi, Hans Jürg: Max Frisch: »Du sollst dir kein Bildnis machen«. München 1981.

Mayer, Hans: Dürrenmatt und Frisch. Anmerkungen. Pfullingen 1963. Erw. Fass. u. d. T.: Über Friedrich Dürrenmatt und Max Frisch. Ebd. 1977.

Musgrave, Marian E.: Die Evolution der Figur des Negers in den Werken von Max Frisch. In: Walter Schmitz (Hrsg.): Materialien zu Max Frisch »Stiller«. 1. Bd. Frankfurt a. M. 1978. S. 201–207.

Petersen, Jürgen H.: Max Frisch. Stuttgart 1978.

Petersen, Carol: Max Frisch. Berlin [4]1972. (Köpfe des 20. Jahrhunderts. 44.)

Propst, Gerhard F. / Bodine, Jay. F. (Hrsg.): Perspectives on Max Frisch. Lexington 1982.

Pulver, Elsbeth: Die deutschsprachige Literatur der Schweiz seit 1945. In: Die zeitgenössischen Literaturen der Schweiz. Hrsg. von Manfred Gsteiger. Zürich/München 1974. (Kindlers Literaturgeschichte der Gegenwart.) S. 143 bis 406.

– Aktualisierte Neuausg. Frankfurt a. M. 1980. (Fischer Taschenbuch. 6460.) S. 137–484.

Quenon, Jean: Die Filiation der dramatischen Figuren bei Max Frisch. Paris 1975.

Schau, Albrecht (Hrsg.): Max Frisch – Beiträge zur Wirkungsgeschichte. Freiburg i. Br. 1971.

Schenker, Walter: Die Sprache Max Frischs in der Spannung zwischen Mundart und Schriftsprache. Berlin 1969.

Schmitz, Walter (Hrsg.): Über Max Frisch II. Frankfurt a. M. 1976. (edition suhrkamp. 653.)

Stäuble, Eduard: Max Frisch. Ein Schweizer Dichter der Gegenwart. Versuch einer Gesamtdarstellung seines Werkes. Amriswil 1957. Erw. Fass. u. d. T.: Max Frisch. Gesamtdarstellung seines Werkes. Mit einer Bibliographie von Klaus-Dietrich Petersen. St. Gallen [4]1971.

Stephan, Alexander: Max Frisch. In: Kritisches Lexikon zur deutschen Gegenwartsliteratur (KLG). Hrsg. von Heinz Ludwig Arnold. München 1978 ff. Lfg. 11. Mai 1982. S. 1–29.

– Max Frisch. München 1983. (Autorenbücher. 37.)

Vin, Daniel de: Max Frisch, Mein Name sei Gantenbein. Eine Interpretation. In: Studia Germanica Gandensia 12 (1970) S. 243–261.

– Max Frischs Tagebücher. Köln 1977.

Weisstein: Max Frisch. New York 1967. (Twayne's World Authors Series. 21.)

5. Monographien, Aufsätze und Rezensionen zu »Andorra«

[Anonym:] Andorra zum Beispiel. In: Der Spiegel. 8. November 1961. S. 86 ff.

[Anonym:] Atrocity Stories. Andorra and Firebugs. In: Time. 22. Februar 1963.

scr.: »Andorra« auf dem Bildschirm. In: Neue Zürcher Zeitung. 23. Oktober 1964.

Arnold, Armin: Woyzeck in Andorra. Max Frisch und Georg Büchner. In: Gerhard P. Knapp (Hrsg.): Max Frisch. Aspekte des Bühnenwerks. Bern 1979.

Bänziger, Hans: Andorra und die Welt. In: Frankfurter Hefte 30 (1975) H. 2. S. 45–57. Überarb. Fass. in: H. B.: Zwischen Protest und Traditionsbewußtsein. Arbeiten zum Werk und zur gesellschaftlichen Stellung Max Frischs. Bern/München 1975. S. 76–93.

Biedermann, Marianne: Politisches Theater oder radikale Verinnerlichung? Ein Vergleich der Stücke »Biedermann und die Brandstifter« und »Andorra« mit »Biografie. Ein Spiel«. In: Text und Kritik 47/48 (1975) S. 44–57.

Bondy, François: Gericht über die Schuldigen. Oder: »Die Szene wird zum Tribunal«. Zu Siegfried Lenz' »Die Zeit der Schuldlosen« und Max Frischs »Andorra«. In: Der Monat 14 (1961/62). S. 53–57. – Wiederabgedr. in: Schau (Hrsg.): Max Frisch – Beiträge zur Wirkungsgeschichte.

Eckart, Rolf: Max Frisch. Andorra. München 1965. (Interpretationen zum Deutschunterricht.)

Eisenbeis, Manfred: Max Frisch: Andorra. Stuttgart 1981. (Stundenblätter für das Fach Deutsch.)

Enzensberger, Hans Magnus: Über Andorra. In: Programmhefte des Schauspielhauses Zürich 1961/62. – Wiederabgedr. in: Schau (Hrsg.): Max Frisch – Beiträge zur Wirkungsgeschichte.

Frühwald, Wolfgang / Schmitz, Walter: Max Frisch. Andorra / Wilhelm Tell. Materialien, Kommentare. München 1977. (Literatur-Kommentare. 9.)

Hegele, Wolfgang: Max Frisch, Andorra. In: Der Deutschunterricht 20 (1968) S. 30–50. – Wiederabgedr. in: Beckermann (Hrsg.): Über Max Frisch.

Hilty, Hans Rudolf: Tabu »Andorra«. In: Du 22 (1962), S. 52–54. – Wiederabgedr. in: Wendt/Schmitz: Materialien zu »Andorra«.

Knapp, Gerhard P. / Knapp, Mona: Max Frisch, Andorra. Frankfurt a. M. 1980. (Grundlagen und Gedanken zum Verständnis des Dramas.)

Krapp, Helmut: Das Gleichnis vom verfälschten Leben. In: Spectaculum V. Frankfurt a. M. 1962. – Wiederabgedr. in: Schau (Hrsg.): Max Frisch – Beiträge zur Wirkungsgeschichte, und in: Schmitz (Hrsg.): Über Max Frisch II.

Plett, Peter C. (Hrsg.) Dokumente zu Max Frisch »Andorra«. Stuttgart 1972. (Arbeitsmaterialien Deutsch.)

Pütz, Peter: Max Frischs »Andorra« – ein Modell der Mißverständnisse. In: Text und Kritik. Zeitschrift für Literatur 47/48 (1975) S. 37–43.

Quenon, Jean: Anthroponymie et caractérisation dans le théâtre de Max Frisch. In: Revue des langues vivantes 39 (1973) S. 526–537. 40 (1974) S. 25–40. [Über »Andorra«: 40 (1974) S. 33–36.]

Rischbieter, Henning / Hampe, Michael: »Andorra« von Max Frisch in Zürich.

In: Theater heute 2 (1961) H. 12. – Wiederabgedr. in: Schmitz (Hrsg.): Über Max Frisch II.

Schau, Albrecht: Modell und Skizze als Darbietungsform der Frischschen Dichtung, dargestellt an »Der andorranische Jude«. In: Studies in Swiss Literature. Hrsg. von Manfred Jurgensen. South Brisbane 1971. (Queensland Studies in German language and literature. 2.) S. 107–122.

Schlocker, Georges: Ausgeklügeltes Andorra. In: Deutsche Zeitung. Nr. 257. 6. Nov. 1961. – Wiederabgedr. in: Schau (Hrsg.): Max Frisch – Beiträge zur Wirkungsgeschichte.

Schmid, Karl: Andorra und die Entscheidung. In: K. S.: Unbehagen im Kleinstaat. Untersuchungen über Conrad Ferdinand Meyer, Henri-Frédéric Amiel, Jakob Schaffner, Max Frisch, Jacob Burckhardt. Zürich/Stuttgart 1963. S. 169–200. [3. Aufl. 1977 mit einem Anhang: Briefwechsel Frisch – Schmid]. – Wiederabgedr. in: Beckermann (Hrsg.): Über Max Frisch.

Schmitz, Walter: Max Frischs »Andorra« – als Wirklichkeits- und als Erkenntnismodell. In: Harro Müller-Michaels (Hrsg.): Deutsche Dramen. Bd. 2. Königstein i. Ts. 1981. S. 112–136.

Wendt, Ernst / Schmitz, Walter (Hrsg.): Materialien zu Max Frischs »Andorra«. Frankfurt a. M. 1978. – Neuausg.: W. S. / E. W. (Hrsg.): Materialien zu Frischs »Andorra«. Frankfurt a. M. 1984.

6. Zeitgeschichte

Manfried Hammer [u. a.] (Hrsg.): Das Mauerbuch. Texte und Bilder aus Deutschland von 1945 bis heute. Berlin 1981.

Kogon, Eugen: Der SS-Staat. Das System der deutschen Konzentrationslager. München 1946.

Mittenzwei, Werner: Das Zürcher Schauspielhaus – Sammelpunkt deutscher antifaschistischer Künstler. In: W. M.: Exil in der Schweiz. Leipzig 1978. S. 350–384.

Hans Werner Richter (Hrsg.): Die Mauer oder der 13. August. Reinbek bei Hamburg 1961.

Riess, Curt: Sein oder Nichtsein. Zürcher Schauspielhaus. Roman eines Theaters. Zürich 1963.

Sartre, Jean-Paul: Das Sein und das Nichts. Versuch einer phänomenologischen Ontologie. Hamburg 1962.

7. Hilfsmittel

Grimm, Jacob und Wilhelm: Deutsches Wörterbuch. Hrsg. von der Deutschen Akademie der Wissenschaften zu Berlin. 16 Bde. Leipzig 1854–60.

Wörterbuch der deutschen Gegenwartssprache. Hrsg. von Ruth Klappenbach und Wolfgang Steinitz. 6 Bde. Berlin [Ost] 1977.

Schweizerisches Idiotikon. Wörterbuch der schweizerdeutschen Sprache. Frauenfeld 1881–1982.

Handwörterbuch des deutschen Aberglaubens. Hrsg. von Hanns Bächtold-Stäubli [u. a.]. 10 Bde. Berlin 1927–42.

8. »Andorra«: Deutschsprachige Rundfunk- und Fernsehsendungen
(nach Notizen des Frisch-Archivs)

Rias Berlin (Hörfunk). 1. Progr. 1962.
Bayerischer Rundfunk, München. 1. Progr. 13. März 1962.
Hessischer Rundfunk (Hörfunk), Frankfurt. 1. Progr. 19. März 1962.
Österreichischer Rundfunk (Hörfunk), Wien. 2. Oktober 1962.
Sender Freies Berlin (Fernsehen). November 1962.
Südwestfunk (Hörfunk), Baden-Baden. 16. März 1963.
Norddeutscher Rundfunk (Fernsehen), Hamburg. 1. Programm. 18. Juni 1963.
Fernsehgesellschaft der Berliner Tageszeitung, Berlin-Tempelhof. 22. März 1964.

Der Verlag Philipp Reclam jun. dankt für die Nachdruckgenehmigung den Rechteinhabern, die durch den Quellennachweis oder einen folgenden Copyrightvermerk bezeichnet sind. Für einige Autoren waren die Rechtsnachfolger nicht festzustellen. Hier ist der Verlag bereit, nach Anforderung rechtmäßige Ansprüche abzugelten.